一
步
万
里
阔

墓地的发现

杨 浪 著

中国工人出版社

图书在版编目（CIP）数据

墓地的发现 / 杨浪著. -- 北京：中国工人出版社，2024.8 -- ISBN 978-7-5008-8339-5

Ⅰ. K82

中国国家版本馆CIP数据核字第2024XB6981号

墓地的发现

出 版 人	董　宽
责任编辑	邢　璐
责任校对	张　彦
责任印制	黄　丽
出版发行	中国工人出版社
地　　址	北京市东城区鼓楼外大街45号　邮编：100120
网　　址	http://www.wp-china.com
电　　话	（010）62005043（总编室）（010）62005039（印制管理中心） （010）62001780（万川文化出版中心）
发行热线	（010）82029051　62383056
经　　销	各地书店
印　　刷	北京利丰雅高长城印刷有限公司
开　　本	880毫米×1230毫米　1/32
印　　张	7.5
字　　数	150千字
版　　次	2024年9月第1版　2024年9月第1次印刷
定　　价	58.00元

本书如有破损、缺页、装订错误，请与本社印制管理中心联系更换
版权所有　侵权必究

题记 在人生的另一端

在所有对人生的关注中，我们似乎对每个人最后的归宿地缺少足够的注意。

衮衮人生，浩浩声名，沉沦起落，兴衰续绝，终于，人们走向同一个归宿。

《红楼梦》里说，"纵有千年铁门槛，终须一个土馒头"。曹雪芹说出了一个定理。

曹雪芹晚年生活在北京西山。在留下那部伟大著作以后，迄无所终。不过，在他的履痕所及之处，后世的闻人和非闻人们却聚到了一起。这就是位于北京西山的万安公墓。

这里是人生的彼岸。

站在彼岸观察此岸的事情，或者站在此岸思索彼岸的故事，都是一场思想的盛宴。

逝者是我们的明天。但是在今天，他们正在这个空间里把人生的意义和价值让渡给我们。

那一端就是这一端。每一座墓碑仿佛一个生命的支点，脚下是泥土，头顶是高天。

目录

志士

战友　路友于　...3

倚天万里长剑　沈崇诲　...7

那支队伍那些人　王以哲　...11

"同志，你已经暴露了！"　沈安娜　...15

猛将自戕　韩钧　...19

"妈妈同志"　任锐　...23

墓碑上的海战经过图　魏鸣森　...27

后代　刘虎生　...30

庙堂

芝泉有路　段祺瑞　...39

校长　曲同丰　...43

"二陈汤"　陈宦　...46

浓缩的人生　张西曼　...49

宁作牺牲决不投降　何思源　...53

凭将一掬丹心在　吴石　...56

干惊天动地事，做光明磊落人　何遂　...60

盐官一世　缪秋杰　...64

墓碑上的红五星　郭春涛　...68

变脸　沈醉　...71

"失踪者"　韩叙　...75

一个家族与当代史　黄敬　范瑾　...79

大师

三铭两碑一大师　王国维　...87

不为良相，则为良医　施今墨　...94

与病毒休战　金宝善　...99

开放先行者　乐嘉藻　...102

大师之立论、立言与立人　陶孟和　...106

珠峰！珠峰！　林超　...110

学业的传承　江泽涵　...114

大道文章　王力　...117

哲人其萎　冯友兰　...120

智者的幽默　启功　...125

先生妙笔　任率英　...130

天不爱其道，地不爱其宝，人不爱其情

　　夏鼐 ...133

常有剧中人　朱家溍 ...137

雨巷的尽头　戴望舒 ...141

"清醒于混沌之中"　曹禺 ...144

生命之诗　穆旦 ...148

菁英

"中国第一要他多"　韦素园 ...155

奇妙的墓碑　徐献瑜　韩德常 ...158

坎坷"大百科"　姜椿芳 ...162

从人力车夫到国之大计　顿立夫 ...167

小人书之泰山北斗　刘继卣 ...170

才子故事　陈方千 ...173

未可瞑目　李凤楼 ...176

国礼之乐　李桐树 ...180

革命家庭　田方　于蓝 ...183

八卦掌传人　佐藤金兵卫 ...187

攀登者　郭超人 ...190

殉职　秦公　...194

舞者　陶金　...197

实者慧　邓伟　...200

小马止蹄　李明　...204

苍生

小脚大义　蒋慕唐　...209

人伦之美　姑姑鹤侔　...213

师道力量　尹荃　...216

给郭忆雯小朋友　...219

人生价值　莽英伦　...222

后记　十九日，雪后的万安　...225

志士

倚天万里须长剑。
人言此地,
夜深长见,
斗牛光焰

战友

路友于

1927年4月28日，临刑前，路友于（1895—1927）和李大钊、张挹兰分别拍摄了照片，后来被后人合成为一张照片。这是在西交民巷京师看守所里。二十天前，军警们闯入苏联驻华使馆，逮捕了藏匿于此的国共两党同志李大钊、谭祖尧、邓文辉、谢伯俞、莫同荣、姚彦、张伯华、李银连、杨景山、范鸿劼、谢承常、路友于、英华、张挹兰、阎振三、李昆、吴平地、陶永立、郑培明、方伯务等二十位；李大钊的妻子赵纫兰及女儿李星华、李炎华，谭祖尧的未婚妻李婉玉等，另外还有阻拦搜查的十五名苏联使馆工作人员。前述二十名国共同志悉数被屠杀。

路友于（左）、李大钊（中）和张挹兰就义前拍摄的照片

事情得从上一年的"三一八惨案"说起。当时还是中法大学学生的陈毅在1955年3月18日的日记中回忆道："当时我在铁狮子胡同作人民代表，与安体成、邓文辉、路友于四人站最前线打冲锋。四人当时未被难。安等三人殉难于1927年李守常案，我则幸存至今。痛念故友，不禁凄然。"

"三一八惨案"的缘起是日帝的军舰开进大沽口，段祺瑞政府妥协退让。当日，正在"合作"之中的国共两党组织民众在天安门前召开大会，李大钊公开发表演说，号召群众用"五四"的精神、"五卅"的热血，打退帝国主义的联合进攻，反对军阀的卖国行径。会后，李大钊、路友于带领群众赴铁狮子胡同执政府进行请愿，递交了由路友于起草的请愿书。由于反动政府的血腥镇压，酿成惨案。

　　因为被政府通缉，路友于等国、共领导人转入"地下"，藏匿在苏联大使馆内的兵营里。在大使馆内，并肩战斗的共产党方面的领导人是李大钊，国民党方面的领导人是时任其中央候补委员及北京执行部执行委员兼秘书长的路友于。

　　照片上的张挹兰是在斗争最艰苦的时候冒险来到使馆里的。这位北大女生深受共产党早期妇女领袖刘清扬和郭隆真的影响，直接提出要在此时加入中国共产党。李大钊经慎重考虑，决定先吸收其为国民党党员，经过锻炼，再研究是否加入中国共产党。亲密无间的路友于不但安排张挹兰加入国民党，布置了工作，还确定了她每月二十元的薪酬。从此，张挹兰成

路友于之墓

为使馆内外联系的秘密交通员,负责使馆里面的刘清扬和外面的郭隆真之间的联系。

想国共之间的渊源在早年的共同牺牲奋斗,其间的血火厮杀,于今的民族前途大义之间。

路友于的墓碑就在万安大钊先生陵园之侧。

倚天万里长剑
沈崇诲

在写到外交官韩叙的时候,进入了沈氏家族墓地。有必要说到万安之外的另一处——韩叙的堂兄之墓。

沈家老先生有原配和继配,与原配育有三子一女,继配生了五子二女。所以从沈家彝先生处说是八子三女;从原名为沈崇健的韩叙大使的角度说,是同胞兄弟五人。沈老先生原配的次子,也就是韩大使的同父异母兄长,正是抗战初期的中国空军英雄——沈崇诲!

沈崇诲(1910—1937)1931年考入清华大学土木工程系,1933年"长城抗战"爆发后投笔从戎,报考中央航空学校,成为中国空军飞行员。

1937年，七七事变后，日寇迅速进占华北，点燃了全民抗战的烈火。与此同时，"淞沪会战"打响，中国军队主力近五十个师云集上海，战况空前激烈。沈崇海所在的空军二大队先从江西调往河南，支援华北抗战；再调往皖南，守卫上海与南京。

8月14日至15日，日军全面空袭沪宁铁路沿线的上海、苏州、无锡、南京等城市，中国统帅部调集三个大队七十余架战机投入空战。16日下午，沈崇海与陈锡纯驾双乘员制的诺斯罗普战斗轰炸机参战，随同编队在常熟与上海之间的长江江段，轰炸日军运输补给船队，炸沉、炸伤日军驳船三艘，我机两架被护航的日机击落。战斗中，日本军舰上的大口径重炮对中国守军的威胁很大，对付日舰成当务之急。

8月19日，日舰集中在上海白龙港附近海面，沈崇海、陈锡纯随七架轰炸机在六架歼击机的掩护下奉命升空，沿钱塘江一线低空向目标区抵近寻战。奈山附近，我机发现敌舰。面对我机轰炸，日舰一面对空射击，一面慌忙在江面机动。战斗激烈中，沈崇诲驾驶的904号战机突然发生故障，机尾冒出一缕黑烟。

到这里，历史有两种描述，一种是：

此时，机翼下的南汇还在中国军队手中，如果迫降，完全有成功的希望。就在这一瞬间，沈崇诲和轰炸手陈锡纯却用青春和生命，在祖国上空演出了英勇悲壮的一幕：904号战机机头一沉，呼啸着直向一艘逃窜的敌舰撞去。"轰"的一声巨响，飞机和军舰碎片飞溅，汹涌的海面上出现了一个巨大的漩涡。

沈崇诲和陈锡纯的壮烈之举令侵略者心惊胆寒。当时，日军大本营公报承认："淞沪战争中，支那空军飞行员以少敌众，抵抗强大的帝国军队，……其勇猛精神颇出吾人意料。"当时，沪、宁等地的报纸都报道了沈崇诲、陈锡纯的英勇事迹。国军空军举行了公祭会，两位烈士被追记大功，追晋军衔。

还有一种描述是：在完成轰炸以后，904号战机因故障坠毁，陈锡纯的遗体后来找到，沈崇诲下落不明。

以沈崇诲及抗战空军烈士为原型诞生了两部电影——《无问西东》，还有1940年孙瑜执导的《长空万里》。

电影《长空万里》
中沈崇诲的形象

今天,沈崇诲和陈锡纯的墓地掩映在南京紫金山北麓的航空烈士公墓中。沈崇诲虽未归葬万安公墓里的沈氏家族墓地,却应当永远地被人们记在心中。这才是:"倚天万里须长剑。/人言此地,/夜深长见,/斗牛光焰。"

那支队伍那些人

王以哲

当代中国史上结局最惨烈的一支队伍恐怕就是东北军了。这支20世纪20年代初整军成伍的部队和蒋介石打过,和冯玉祥打过,和红军打过。《长征组歌》里"活捉了敌酋牛师长"的"牛师长"就是东北军110师师长,不过事实上他没被"活捉",而是战死。东北军的创建者张作霖被日本人害死了,张学良被监禁六十余年。张学良被执之后,"看家人"王以哲旋即死于非命。

王以哲的墓碑也在万安公墓,经过两次修葺,墓碑、墓座越发高大开阔,显示特别的礼遇。

整个万安公墓里，唯王以哲碑铭为邓颖超题写。这里隐藏着一个惊人的史实，即：王以哲为中国共产党秘密党员！

王以哲（1896—1937），西安事变时任东北军第67军军长，是张学良最信任、在东北军内部最有影响力并能维持东北军内部团结的核心人物。

1935年，东北军受命至陕北"围剿"红军，67军所辖部队战败，被俘之107师619团团长高福源为彭德怀所感召，回军向军长王以哲传达中国共产党之抗日民族统一战线政策。王以哲深以为然，毅然向张学良建议与红军合作。次年3月间，张学良赴洛川67军军部与中国共产党代表李克农会谈。4月9日，张学良与周恩来在延安会见，王以哲在座。同年9月，毛泽东有八百字长信专致王以哲，亟言共同抗战之必要。12月12日，张学良、杨虎城发动西安事变，25日，张学良送蒋介石回南京时被扣。王以哲等当时想通过和平方式营救张学良，却引起东北军内部分裂。1937年2月初，东北军少数"少壮派"发动"二二兵变"，孙铭九、苗剑秋、应德田等少数不明真相的下级军官，将病中的王以哲枪杀。

王以哲之墓

西安事变是红军长征结束,彻底摆脱困境,实现国共合作的转折事件。新中国成立后,邓颖超有"王以哲将军为革命立了大功"之说,并亲题碑铭。

近年来,多名史学工作者细密研究史料,尤其是前共产国际档案。基本证实:1936年夏,张学良在延安提出了加入中国共产党的要求,并为中国共产党接受,但此后未被共产国际8月15日信所批准。上述研究同时证实,王以哲加入共产党当在6月前后,且共产国际并未否认。

有关西安事变的层层叠叠、方方面面,映着历史帷幕的幽深。万安一墓,恰是缩影。

张、王身后,"东北军"星散,中国历史中重要一页已经翻开。

"同志,你已经暴露了!"
沈安娜

沈安娜在医院弥留之际,几次喃喃自语:"同志,你已经暴露了,赶紧从后门走!从后门走!……"

2003年,丈夫华明之去世之后,沈安娜多次住进医院。在医院中,精神逐渐出现问题的沈安娜经常向身边照护的医生、护士问:"我暴露了?"这让医护人员对老人的身份顿生猜疑。

沈安娜是极少的从事地下工作多年却从未暴露身份的人。有一张重要的照片拍摄于1948年4月4日,地点是南京丁家桥国民党中央大礼堂,同年4月14日发表于《中央日报》。画面上主席台中央正在讲话的是蒋介石。主席台后排右侧,坐着的

1948年4月4日，沈安娜在国民党中央大堂做速记

第二位年轻女速记员，正是中国共产党秘密情报人员沈安娜。

沈安娜（1915—2010）是在华明之（1913—2003）和舒日信的影响下加入中国共产党情报工作的。前者是她的丈夫，后者是她的姐夫，两人都是她在上海南洋商业高级中学的学长，后来又都是共产党情报人员。

尽管爱迪生在1877年就发现了录音的原理，但实用的录音设备至20世纪50年代方才应用。在此之前，重要的语言记录是靠速记。1935年，速记学校毕业的沈安娜以娟秀的字体和每分钟两百字的速记能力进入浙江省政府秘书处。这年中秋，组织上批准华明之与她结婚——实际上，她的丈夫长期担任着她的情报交通员。

在国民党高层，有两个人对沈安娜信任有加，一个是中央党部秘书长朱家骅，一个是宋美龄。谁会想到这个笑容灿烂的20岁小姑娘是为中国共产党地下党工作呢！1938年，朱家骅介绍沈安娜成为国民党特别党员；一年后，她秘密正式加入中国共产党。在长达十四年的时间里，她潜伏敌营核心，成为国民党"中常会"的会议速记员。

在国民党最高级别会议上，她经常落落大方地坐在一群军政高官中，听"中央常委"、高级将领以及特务机构的汇报讨论，记录蒋介石讲话。不出几日，这些重要情报便放在我党手中。台湾《中国时报》将沈安娜称为"按住蒋介石脉搏的人"。国民党现代史研究所主任周谷认为："她在1946年至1949年三四年间对中共的贡献，几乎一身系中共的安危。"

当年的中央特别行动科最后去世的两位老人，一位是2010年去世的95岁的沈安娜，另一位是2018年去世的102岁的姚子健。姚子健的工作是管理军用地图仓库。每当敌人要进攻解放区，就会来调那个地区的地图。于是，调图部队番号

华明之、沈安娜之墓

和目标地区的情报迅速传到我军。因为秘密工作的原则,直到 2001 年,一辈子守口如瓶的姚子健才偶然通过沈安娜知道,他的情报交通员是沈安娜的姐姐沈伊娜和姐夫舒日信。

沉默谨慎的姚子健也从未暴露。

离休后的沈安娜享受副部级待遇,逝世后在八宝山举行纪念仪式。此后,她与华明之合葬于万安公墓。

猛将自戕

韩钧

这座带回廊基座的方尖碑如今已经重修。这张照片记录了它十年前的样貌。

前二野四兵团副司令——韩钧（1912—1949），1933年在监狱中加入中国共产党，那一年他21岁。他是北平共青团干部，因组织抗日游行被投入草岚子监狱。在狱中他刻苦学习，对敌斗争坚决勇敢，参加狱中支部领导的绝食斗争，七天七夜没有进食，最终赢得胜利。他还揭露打入狱中的特务，为此与薄一波、刘澜涛、安子文、杨献珍等人一起被判处死刑，加上重镣，投进死牢。

韩钧之墓

　　当时狱中支部的领导是薄一波,1936年9月,这批共产党员被营救出狱。韩钧遂随薄一波到山西"牺盟会"工作,迅速进步,担任决死队二纵队司令。1939年12月,阎锡山发动"晋西事变",杀害中国共产党党政军干部六百多人,抓捕一千多人;决死队三纵七个团有四个团叛变,叛军中的全部党员、政工干部被杀。时，阎军五个军包围二纵队，同时对新军各部开始全面进攻。当时的二纵队伍里"你中有我"，韩钧力主先发制人，命令把旅、团以下所有阎锡山派来的旧军官三十余人集中起来，采取断然措施。并经艰苦转战，最终带队突围，归八路军120师建制。

1944年5月，韩钧率部到豫西开辟抗日根据地，任豫西军分区司令员兼地委委员。豫西根据地实行"减租减息"和"倒地运动"（把地主在灾荒年景低价购买的农民的土地还给农民），触犯了刚刚收编的当地武装的利益，部分军官乘韩部主力外出之机，于1945年5月26日叛乱，此为"豫西事变"。事变中，韩部闻讯迅速撤回，平息叛乱，但仍出现了重大损失，从延安带来的一百多名干部惨遭杀害，被害战士也有一百多人。

1946年1月，国共两党签署"停战协定"，规定1月13日全国实现停火。时，韩钧正率部对困守在曲沃城里的阎军发起总攻。先头部队已经攻进外围。停火后，阎军提出要我围城部队全线后撤。韩钧当机立断，展开谈判。他率谈判小组冒死进城。警卫员在棉衣下围腰里全系上打开保险盖的手榴弹，以备万一。曲沃城墙两道，每道都悬挂着排排地雷，守敌全副武装，个个持刀，城门堵死，进城只能顺着梯子往上爬。韩钧率谈判小组及警卫，从枪林刀丛中昂然走进守敌司令部。谈判桌上，他坚持原则，据理力争，围城部队未后退一步，维护了我军在对峙中的优势。

1949年3月23日，韩钧"因宿疾复发而去世"，时任中国共产党北平市委委员、市委秘书长兼军管会秘书长。其"宿疾"为精神性疾病，病因与"豫西事变"引发的精神压力有关，其"去世"实为自戕。

"妈妈同志"
任锐

万安公墓之碑记，由周恩来题写者，甚少见。

任锐（1892—1949），祖籍河南新蔡，毕业于北京女子师范学校，曾参加辛亥革命、大革命，经历"三一八惨案"。1927年四一二反革命政变后，其夫孙炳文就义于上海龙华，撇下孤雏一群——孙宁世（孙泱）、孙济世、孙维世、孙名世、孙新世。1938年春，任锐辗转来到延安，先后入中国人民抗日军事政治大学、马列主义学院学习，与其女孙维世同班时，年近半百，被亲切地称为"妈妈同志"。

解放战争时期，四儿孙名世继承父亲的遗志参军，任锐

任锐（左）与女儿孙维世的合影

有诗《重庆赴延安途中口占寄儿》赠儿，这首诗首刊在20世纪50年代出版的《革命烈士诗抄》里：

儿父临刑曾大呼：
"我今就义亦从容。"
寄语天涯小儿女，
莫将血恨付秋风。

任锐之墓

又言：

> 送儿上前线，气壮情亦怆。
>
> 五龄父罹难，家贫缺衣粮。
>
> 十四入行伍，母心常凄伤。
>
> 烽火遍华夏，音信两渺茫。
>
> 惜别儿尚幼，犹着童子装；
>
> 今日儿归来，长成父模样。
>
> 相见泪沾襟，往事安能忘？
>
> 父志儿能继，辞母上前方。

其苍茫铿锵，足以传世。

任锐后曾在边区政府、八路军红岩办事处、天津市委工作。1949年4月病逝。其女孙维世、孙新世常年由周恩来抚养。"辞母上前方"的孙名世于解放战争中牺牲。孙新世后为北京大学教授。

想中国革命之故事，或凝结一家庭中。

墓碑上的海战经过图
魏鸣森

每年的1月19日,我都会来此看他——魏鸣森将军(1920—2007)。他的墓碑重新修葺了,显得更加高大、庄重。墓碑背面是1974年西沙海上作战经过要图。十年前,正是这幅镌刻在墓碑上的海图吸引了我的视线。此后多年,每到这个西沙作战胜利的日子,我都会来此凭吊。

魏将军是西沙作战海上编队指挥员。1974年1月17、18日,他作为南海舰队榆林基地副司令兼参谋长受命指挥海上编队,率271、274、389、396四条总吨位仅一千六百吨的舰艇与南越海军四艘共六千吨的舰艇作战,在后赶来的281编队支

凭吊魏鸣森将军之墓

援下，取得了击沉一艘，击伤三艘，自己重伤一艘的完胜。乘海战得胜之威，在原广州军区和南海舰队的指挥下，他奉命指挥陆海军协同登岛作战，俘虏来犯登岛之敌四十九名，含美军顾问一名。一举收复了被南越军队侵占的甘泉、珊瑚和金银三岛，西沙群岛完整回到祖国怀抱。

　　有西沙之战的胜利，才有我对南海权益声索的地理和军事依托，才有今天瞰制整个南海的战略态势。

牺牲在西沙海战中的十八位烈士永远值得我们怀念。

此战海军将士以小打大，毫无畏惧，打得英勇顽强，在贴舷近战中，396舰甚至扔起了手榴弹。几十年前，我曾采访396舰舰长，了解水面舰艇部队为什么会装备手榴弹。舰长告，当时正在船坞修船，接到紧急命令出航增援。修船时水兵岸上训练配发的手榴弹正好在接舷作战时用上了。

某年1月19日前，笔者在微信中语：今年谁愿同我看望将军？响应者众。墓碑前，余语诸人："后世史官治史，魏将军指挥之1974年西沙海战，实为重夺南海实际权益之首战，魏鸣森将军乃我中华民族大英雄！"

后代

刘虎生

刘虎生8岁的时候,父亲就牺牲了。

父亲叫刘伯坚,是大革命时期中国共产党重要的军事领导人。他1921年赴欧勤工俭学时与周恩来共同发起了中国少年共产党,次年加入中国共产党。再赴苏联学习军事,后回到国内,成为西北军政治部副部长。1931年12月14日,他亲自策动并领导了"宁都起义",使26路军一万七千余人带着武器装备投入红军怀抱,他就任红五军团政治部主任。

1934年10月中央红军长征后,刘伯坚奉命留在中央苏区坚持武装斗争。1935年3月,他在突围时负伤被俘。反动派的一些军官劝他办个脱党手续，便可获得自由，他回答，自己的信仰不可动摇。他的一些亲属得知消息后，想找过去与他有交情的国民党西北系的要人营救，刘伯坚去信坚决反对。

解放时缴获的国民党审讯记录中，刘伯坚的铿锵壮语跃然纸上。敌军问："你们共产党有办法，为什么弄得一败涂地？"刘伯坚回答："胜败乃兵家常事。古人说，野火烧不尽，春风吹又生。只要革命火种不息，燎原之火必将漫天燃起。"

敌人为了炫耀胜利，故意押着负伤带镣的刘伯坚在大庾县的繁华街道走过示众。刘伯坚气宇轩昂，使路旁的人们敬佩不已。回到牢中，他写下著名的《带镣行》，流芳百世——

带镣长街行，蹒跚复蹒跚，

市人争瞩目，我心无愧怍。

带镣长街行，镣声何铿锵，

市人皆惊讶，我心自安详。

带镣长街行，志气愈轩昂，

拼作阶下囚，工农齐解放。

临刑时，刘伯坚给妻子和亲人留下几封家书，给妻子的遗书写道："你不要伤心，望你无论如何要为中国革命努力，不要脱离革命战线，并要用尽一切的力量教养虎、豹、熊三幼儿成人，继续我的光荣事业。"给亲友的信中写道："凤笙大嫂：请转五、六诸兄嫂，弟伯坚在唐村被俘，不知你们是否已得知此消息。弟现在被关押在大庾监狱第一军部，尚有多少时日留于人间，不得而知。弟生是为中国，死亦是为中国，一切听之而已。只是希望弟走后，各位兄嫂能帮忙将我的三个儿子抚养成人，读书至十八岁就送他们去工厂做工，三十岁时结婚，不要多生子女自累又累人，反不能成就事业。"

刘虎生（1927—2001）是刘伯坚的大儿子，二子刘豹生和三子刘熊生在父亲被捕之前分别送给了别人抚养，"凤笙大嫂"是妻子王叔振的兄嫂。1930年，刘伯坚夫妇在去往中央苏区前，将长子刘虎生送给了凤笙大嫂，上海一别，虎生再也没有见过父母。

年幼的虎生从小就被舅妈教导不许与别家的孩子接触，不许跟别人说自己的家事，如果被敌人知道，就会被抓走。他们的生活极其拮据，全部的经济来源只能依靠做小学教员的表姐每月的三块银圆的工资。在虎生童年的记忆中，每次买回米来，就倒在桌子上，与姐姐一起拣石头，经过一遍遍筛选之后的大米才能用来做饭。1938年，虎生被西安的党组织找到，送往延安。父亲生前在狱中寄给凤笙舅妈的家书被缝在贴身的衣服里，交到了周恩来手中。因为有这家书中的线索，解放后找到了豹生和熊生。

1948年9月，东北全境解放前夕，经中共中央批准，东北局负责选送了二十一位青年去苏联学习，为新中国建设储备人才，其中就包括刘虎生。刘虎生1955年从莫斯科包曼高等工业学院（莫斯科机械学院）毕业回国以后，先后在陕西、山西、北京、国家机械委、国家经委、中国华联汽车公司担任过技术职务和领导职务。刘虎生是1956年全国劳动模范和五一劳动奖章获得者，也是那个年代全国知名的"刘虎生车刀工程师"。身后，他与一起从苏联归来的妻子长眠在万安一个静静的角落里。

郭贱姑，江西瑞金五阳县的一个船户。在苏区一次战斗

刘虎生之墓

之前，她将刘豹生领养。为了保护刘豹生，她没有让村里人知道这是刘伯坚的孩子，只说是从广东买来的，将他改名换姓为邹发生。刘豹生在极度贫寒中度过了他的童年和少年。直到解放后，党组织根据周恩来保存的刘伯坚遗书，才找到了他。豹生后来在哈尔滨军事工程学院学习，后半生一直为祖国的航空航天事业默默奉献。

1953年熊生被发现。当中央来人要把他带回北京的时候，熊生坚决不同意，理由是养母把自己的孩子卖掉，全是因为他。1965年，母亲王叔振留给黄家的契约被发现，刘熊生终于知道了自己更多的身世：为了保护熊生，养育他的黄家男主人牺牲了，为了让熊生能够上学读书，黄家卖掉了自己的亲生骨肉。知道这一切后，熊生坚持要为养育他的父母尽孝道。他当了一辈子山村农民，于1999年去世。

虎生生前知道，他的母亲王叔振在父亲就义之前，已经牺牲了。

庙堂

大时代，风云际会

芝泉有路
段祺瑞

　　这人，正经地做过政府的一把手，而且在20世纪初的至少十五年的时间里对国家举足轻重。说是军阀，他没有自己的地盘，却是袁世凯死后试图以武力实现统一的第一人。说是政要，他却几上几下，最后甘做寓公。官史中，此人的恶名多多："出卖中国主权""勾结日本""武力对抗孙中山""下令屠杀群众"。晚近的史论中，对他的评价开始有中肯之词。

　　此公一生，有四件事不可不说。

　　——武昌起义爆发，清廷起用袁世凯领北洋军镇压。段祺瑞承袁世凯命，率数十员北洋将领两次通电，促清帝退位。

1915年，段祺瑞以北洋重臣位不满袁世凯帝制自为，称病辞职。翌年3月，袁世凯被迫取消帝制。1917年，"辫帅"张勋拥废帝溥仪复辟，段祺瑞出任"讨逆军"总司令，誓师马厂，打进北京，赶走张勋。迎原副总统冯国璋代理总统，自己也再度出任总理。此所谓"三造共和"之誉。

——1922年，时段任职之北洋政府，派出三千精锐军，经过千辛万苦达外蒙古平叛，欲使"中华民国"旗帜重插外蒙古上空。但连年内战，北洋军补给困难，外蒙古很快又被占领。

——关于段祺瑞与日人之关系，史不绝书。另有一事也当一记。九一八事变后，日本人多次引诱、胁迫段祺瑞去东北组织傀儡政府，被严词拒绝。1933年1月，蒋介石派专使迎其南下，其欣然从命，且公开声明："当此共赴国难之际，政府既有整个御侮方针和办法，无论朝野，皆应一致起为后援。"

——1926年3月18日，发生在北平执政府门前的"三一八惨案"，因为鲁迅先生的一篇《记念刘和珍君》而永

段祺瑞之墓

远地在历史上钉了一根"柱",惨案中死47人、伤150人,文章中多有指段祺瑞下令向游行学生和平民开枪。其时,段祺瑞是否在执政府内,史料里有不同的说法。然后其公开表示愿承担全部责任,引咎辞职,退居天津。

段公,讳祺瑞,字芝泉(1865—1936)。有趣的是,在历史的重重折射中,青岛市居然一直有一条以其字命名的

"芝泉路",且历八十年而未变其名。万安公墓的一个角落里,那通在1964年安放并由章士钊书写的碑上,也是刻的这个名字。

段氏后人在京城开枝散叶,墓地常有花叶。辛亥首义百周年日,我踱步于万安秋荫,段公静静的墓地上,有菊花缤纷。

校长
曲同丰

曲同丰的墓在玉泉山西麓，原在一片隐秘的民房与苗木杂树中。几年来大片拆迁民居，周围成为绿地，近来又建"妙云寺公园"，使其成为园内孤立遗存。几年前，与撰写《文武北洋》的青岛李洁兄专往踏勘，其墓庐反而比人醒豁。

曲同丰（1873—1929）与段祺瑞关系非同一般。段祺瑞有"三造共和"之誉，为辛亥、反袁与平张，每次都有曲同丰的重要应合。所以曲同丰与靳云鹏、徐树铮、傅良佐并称为段祺瑞手下的"四大金刚"。

曲同丰一生可说的有四：一是16岁在定远舰上当轮机兵，

曲同丰之墓

甲午海战落水被救，上岸进了陆军，终成大官。二是辛亥革命在云南通电起义，次年晋谒孙中山。三是多年从事高等军事教育工作，清末任陆军部军官学堂监督，1913年继蒋百里任保定军校校长。四是在寓所被刺身亡，与北洋将领陆建章、徐树铮、孙传芳的死法一样。

作为校长，曲同丰在任的一至三期（1912—1916）出了许多军事人物：白崇禧、刘文辉、刘峙、陈铭枢、张治中、李品仙、陶峙岳、唐生智、黄绍竑、蒋光鼐、蔡廷锴等。

日军占领期间的保定军校大门

北洋诸将身后多葬西山,有些生前战场对垒,比如曲校长与学生吴佩孚。生前为同袍或敌手,死后近邻。这几处我都去踏勘过:

吴佩孚(1939年65岁)玉泉山西,段祺瑞(1936年71岁)万安公墓,孙传芳(1935年50岁)北京植物园,曲同丰(1929年56岁)玉泉山西,张绍曾(1928年49岁)卧佛寺边,再加上冯国璋(1919年60岁)归葬河间,徐树铮(1925年45岁)归葬安徽萧县。北洋诸虎豹差不多齐了,而从北京植物园内的北山麓一路南向万安公墓,张、孙、吴、曲、段墓下来,各个墓址距离皆不过五百米左右。

"二陈汤"

陈宧

知道陈宧之墓也在福田公墓是件很偶然的事情。一次在那里盘桓流连,侧有人询,可知其墓地位置。我一愣,从此刻意寻踪,终获"寂地残碑"。

"宧"不读"宦"。《尔雅》谓东北隅为"宧"。古语"宧奥"寓深奥不明处。陈宧(1896—1939)之为人昶明却复杂。其年十五,中秀才,弱冠上武昌经心学院。百日维新之后,入北京京师大学堂就读。甲午后投笔从戎入武备学堂,又读日本士官校,辛亥年已任新军二十镇统制(师长)。

陈宧之奇奥事:庚子事变,八国联军寇京。其为武卫军管带，率三百多卒坚守朝阳门。城破兵散，负伤离京途中，拾银十三万两，护送至荣禄处交纳。关于此事，陈宧之老友——北京大学历史系邓之诚先生有《陈二庵将军小传》记。

辛亥之后，陈宧为黎元洪幕僚及袁世凯智囊，深得信任和重用。北洋诸将中，陈宧算得上要员之一，但他既非南方派系，亦不属北洋系。袁世凯称帝前，为控制南方，在川滇黔安插自己的势力，特地命陈宧入川"会办军务"，并抽调北洋三个旅随其入川。启程前，陈宧带三位旅长谒袁，并行跪拜礼。袁世凯还命长子与陈结拜金兰。入川行仪，袁世凯刻意安排得喧嚣隆重，以示垂青。

陈宧入川后积极削弱反袁势力，又致电袁世凯劝进，并发出"拥袁称帝"的通告。蔡锷反袁，陈宧与蔡锷之护国军交兵于川南。1916年春，国乱，陈宧拥兵川滇，其言行驱策，关系到中国政局的安危走向。5月22日，他在四川宣布独立，继蔡锷兴兵群起后，又给袁世凯致命一击。时人有联："起病六君子，送命二陈汤"，是说称帝之初，袁世凯的股肱之臣陈宧、陈树藩、汤芗铭最后的反袁倒戈，加速了袁世凯的败亡。

陈宧之墓

袁世凯死后，陈宧退出政坛，隐居京城。其时，尤乐接见青年学子，倾听各种意见。陈宧一生清贫廉洁，甚有口碑。晚年靠老部下接济，有传世信札曰："寄的钱已经收到。小债已偿，寒衣已赎。"1939年以古稀故，身后一钱俱无，棺殓皆为戚友所资助。

余曰，其墓地颓破已久矣！胡有鄂籍后嗣顾葺乎？

浓缩的人生

张西曼

张西曼（1895—1949）是13岁参加同盟会的，介绍人是他的湖南老乡宋教仁和谭人凤。有记载说他"从小就是一个富于正义感的少年，性情直爽，喜欢打抱不平，乐于帮助别人，这个优良品质贯穿了他的一生"。看来，他以低龄入同盟会，并非一种偶然。1911年1月，为避清廷追捕，正在京师大学堂二年级读书的张西曼北上留学海参崴，进入当时的俄国东方语文专科学校（后改为东方大学）研习政治经济。再受革命党人黄兴、陈其美委托，孤身赴中俄边境的深山老林中，招募由"胡子"组成的反满骑兵支援辛亥革命，是时其17岁！

24岁的时候，张西曼应蔡元培之邀回到他的母校北京大学工作，这一年他参与成立了中国第一个研究马克思主义的团体"社会主义研究会"。他在《历史回忆》一书中记载，该会的活动者有"李守常、毛泽东、周恩来……张国焘、邓中夏、瞿秋白……陈独秀等百数十人"。

列宁起草的《俄国共产党党纲》1918年拟就，张西曼的译文1922年1月就出版了，这是一本五十页的书。时，陈独秀向共产国际报告，俄共党纲初版就印了三千册，之后又出了另外的版本。这意味着这本书在大革命期间影响之大。

张西曼在40多岁的时候就被称作"张西老"了，国民党元老屈武评价他："张西老是出名的左派，大家都叫他大炮。"研究者说，当年在重庆的演说者大多成了历史的过客，而马寅初和张西曼，是能够让后人记住几十年并一再提到的两门"大炮"。张西曼严厉抨击国民党专制自不必说，另有一例：1938年3月16日，武汉《大公报》上刊登了张西曼等六人对当时《新华日报》等刊登陈独秀为汉奸匪徒，曾经接受日本津贴而执行间谍工作的看法，六人认为"此事殊出于情理之外"，是

张西曼之墓

"莫须有之诬蔑"，并说"为正义，为友谊，均难默缄"。当时被王明把持的《新华日报》随后发表短评，抨击党外人士为陈独秀辩诬的行为。此日即有六人中之署名者表白："本人于该函之内容，完全不能同意。"同日《新华日报》又发表文章，大力赞扬该先生的"政治家风范"。而"不识时务"的张西曼竟再次公开声明："我为什么敢负责为独秀先生辩护呢？就因为在他出狱后，作过数度的访问。""由他那抵抗倭寇侵略的坚决态度和对我所创中苏文化协会的伟大使命以及中苏两友邦联合肃清东方海盗的热烈期望中，可以证明他至少是个爱国的学者。"几十年后，经典著作中指陈独秀为"汉奸、叛徒"的注释被删去。

54岁的张西曼于开国大典前夕病逝，他浓缩人生的最后一笔是将遗体奉献给医学研究，为是时罕见。郭沫若感慨其"慨然舍生心肝脾肺永照汗青！"当时，《人民日报》称其为"民主教授"，周恩来为其题写的碑铭是万安公墓中周氏题写的不多的几通碑铭之一。

宁作牺牲决不投降

何思源

何思源（1896—1982），1915年考入北京大学哲学系，1919年参加五四运动，并参与了火烧赵家楼。

抗战期间，何思源以山东教育厅厅长之职兼任鲁北行署主任，集教育厅干部为骨干组织游击队，在鲁北平原上打游击。1940年年底，侵华日军伙同天津意大利租界当局，将何夫人及子女四人逮捕，以此胁迫何思源投降，并扬言如果何归顺，部长、省长任其选择，否则就将其家属杀掉。何思源大勇大智，随即将鲁北七十名意大利传教士和修女扣押，一边通电国际，誓言宁作牺牲决不投降。终于借助国际舆论压力，迫使

何思源

日军释放妻儿。

1946年11月，何思源就任最后一任国民政府北平市市长。他在任上，同情反饥饿、反迫害、反内战的学生运动。李宗仁就任代总统时，他在中南海举行酒会，鸣放鞭炮祝贺，因而被解职。北平解放前夕，他为和平解放奔走呼号，并被华北七省市议会推为和平谈判首席代表。正当他准备出城与解放军谈判时，特务安装在何公馆屋顶的炸弹爆炸。何思源一家一死五伤。死难者为幼女何鲁美，伤势最重的是他的法籍妻子何宜文女士。

何思源之墓

次日，何思源头、臂缠着绷带，毅然走向人民解放军前沿阵地，为北平历史性的和平解放作出了重要贡献。

凭将一掬丹心在

吴石

他的暴露是必然中的偶然。

1949年，解放战争摧枯拉朽，军指台湾势在必行。此时，华东局、华南局、三野敌工部，甚至中国国民党革命委员会都往台湾延伸地下组织，而国军参谋次长吴石是中国共产党情报系统中打入敌人内部任职最显赫且隐蔽极深的。

1950年1月，"老郑"在台北被捕。他谎称带路指认，却乘黑逃脱。但他公文包里的笔记本中"吴次长"的名字引起了敌人的注意。3月9日，"老郑"再次被捕，当即叛变。"老郑"即是斯诺当年采访过的红军干部蔡孝乾。此前的3月1日，特务头子谷正文已经敲开了吴石的家门。开始，敌人尚未明确吴石的身份。狡猾的谷正文以朋友的身份欺骗吴石妻子，得知了交通员朱枫的存在，朱枫被捕时吞金自杀未遂，吴石彻底暴露。

吴石一案，牵涉千人，包括中国国民党革命委员会情报系统的陈宝仓将军。敌人总结破案经验，"致此之由，实缘发生'横的联系'"。

叛徒内奸之所以可憎：除了蔡孝乾的叛变，主办吴石案的谷正文也曾潜伏于八路军115师侦察大队。

吴石在狱中经受严刑拷打，敌人称"对吴石的侦讯是最困难的"。他在极其严峻的情况下坚守气节、周旋于敌人间的文字记录，证明了他的英勇坚贞。

吴石就义前留下了两千余字的遗书，记述生平、家事、毕生所学。其中《兵学辞典》初、续两编迭次再版，"国内外莫不视为最优良之军学参考"，他对《孙子兵法》、克劳塞维茨战争理论均有研究专著。抗战间，还有《新战术之研究》《抗日新战法》《抗日回想录》《历朝武学集解》等专门著述。他的古籍字画收藏中，还有大量日本兵书。

青年时期的吴石

在日本陆军大学毕业后，吴石在军事教育、军史研究、对日情报研究上多有建树。1938年年底，由白崇禧举荐从军令部调任桂林行辕参谋处长，其运筹帷幄，具体参与指挥与日寇之"昆仑关大战"。吴石在其自传中指出："昆仑关之役，亦因余之指挥而告大捷。杜光廷即以此一战成名。"次年，吴石调任第四战区参谋长。

吴石从1947年4月与地下党建立联系之后，为解放战争顺利进行提供了大批有特殊价值的重要战略情报。

他的遗书最后留有一首七言诗："天意茫茫未可窥，/悠悠世事更难知。/平生殚力唯忠善，/如此收场亦太悲。/五十七年一梦中，/声名志业总成空。/凭将一掬丹心在，/泉下差堪对我翁。"

1950年6月10日，吴石（生于1894年8月）就义，一同就义的还有朱枫，陈宝仓将军与吴石的秘书聂曦。如今，四烈士的雕像安立于北京西山"无名英雄广场"，与八百位在台湾牺牲的烈士的名字一起眺望首都。

1984年4月，在几十年的坎坷曲折之后，吴石与妻子王碧奎女士的遗骨归葬西山福田公墓。出面经手此事的是吴石至交何遂的儿子、时任国务院农业部部长、吴石的情报交通员之一——何康。彼时尚未解密，墓碑碑文中仅写道，吴石"为全国解放和统一大业功勋千秋"。

干惊天动地事，做光明磊落人

何遂

2023年6月10日，中国国家博物馆举行了何遂与吴石合作的国画长卷《长江万里图》捐赠仪式。

吴石中将，前国军参谋次长，1950年因多年为解放军提供战略情报被捕牺牲。

引领吴石与中国共产党地下党建立联系的，就是他的书画良友、福州同乡——何遂（1888—1968）。在北京福田公墓，他们的墓地紧挨在一起。

新中国成立初期任职华东大区司法部部长、以后连任三届全国人大代表的何遂行事低调，是个有故事的人。

何遂（二排右二）家庭合影

作为辛亥老人，武昌起义爆发时，他是清军北洋第六镇统制吴禄贞的参谋。吴禄贞被刺杀，何遂毅然率领第六镇官兵宣布起义，被推为燕晋联军副都督。辛亥革命后，何遂赴日考察军事，后在陆军大学任战术教官。1924年，他参与"北京政变",通电欢迎孙中山先生北上共商国是。此后何遂还担任北京政府的航空署署长、国民军空军司令。1926年积极响应北伐。1928年5月,他担任黄埔军校最后一任代理校长。

何遂的经历中,还有一件事鲜为人知。第一次世界大战刚刚结束,他代表北洋政府率团赴欧洲考察。考察报告中,何遂对各国装备、训练、战时状态极为关注,对坦克、飞机等现代兵器进入战场考察尤细。他还对德国军制、训练、装备极为关注。事实上,中国现代军制除了1949年以后受苏军影响,此前军制细节主要来源于德国和日本。前者体现在自袁世凯小站练兵,到20世纪30年代中国军队的四个全德械师,还有《德皇威廉练兵曲》到《大帅练兵歌》的历史沿革。后者有蒋系军官多出自日本陆校,且承继刺杀、爆破与迫击炮作业。何遂的"一战"考察是后来中国军队军制建设的重要依据,也是1925年蒋介石率军北伐后,何遂属理黄埔军校的资历所在。

何遂本人能书善画,工诗词,博收藏,曾有几千件藏品捐献给上海博物馆和国家图书馆。

1938年6月掘开花园口,此事在当代论说中多被诟病抨击，指生灵涂炭，即使确系达成迟滞和拖延日军进攻的作用，为淞沪会战失利后的兵力转移，并为此后的豫东战役、武汉保卫战赢得时间。有史料载，首提决口之策的是熟悉宋拒金兵决口先例的高级军事参谋何遂。为最高决策提供路径正是史上谋士高参的事。

作为国民党高官，20世纪40年代，何遂之五子中有四子是共产党员，三个在延安。其中，何康从事地下工作并曾担任吴石的情报传递员，50年代初成为中国橡胶种植事业的奠基人和推动者。在特殊的背景下，何家后人奔走并妥善料理了吴石将军的后事。

盐官一世
缪秋杰

尽管 2021 年包括盐税在内的资源税在全国总税收中只占 1.3%，然而封建两千年，盐税曾为国家收入之半，那段盐务史的端点或在福田公墓一隅。

1912 年，国库如洗。国民政府商五国银行借款两千五百万金镑，四十七年还清，以全国"盐税做保，关税次之"。因为监督问题，"大借款"几乎谈崩，最后效清末聘赫德总理中国海关例，聘英国人丁恩为政府盐务总顾问兼盐务稽核所会办，1913 年 6 月来华就职。

缪秋杰（1889—1966）早年在北京税务学堂学习，英语纯熟。毕业后在税务系统海关见习半年，24岁入盐务稽核所，后任丁恩秘书。缪秋杰低调聪敏，业务精湛。29岁任稽核总所巡视员，以后有多年在全国巡视盐务，协调各方，机断处置，极显办事能力。时，军阀割据，截流盐税；官商勾结，营私舞弊；以后其属理川、淮、青岛、鄂岸各项棘手盐政盐案，大力疏通盐路，整顿盐务机关。抗战前夕再督盐务大省四川，政声显赫。缪秋杰致力盐政改革经年，废除了数百年来腐朽的专商引岸制度。51岁奉命于危难之际，任总办主持全国盐政，担负起战时民食国税重任。1937年，川盐产量占全国18%，1941年即增产25%，占全国产量52%。自贡设市即其时缪秋杰等提案达成，该市扩建"蜀光中学"即由缪秋杰主事，并邀南开张伯苓来任校长。

新中国成立，缪秋杰担任中央财政部参事，1957年撰写《近四十年代中国盐政之变迁》，为研究盐政历史之必读。

1937年，经何遂介绍，缪秋杰、吴石等在南京与中国共产党代表团周恩来、叶剑英等相识。到重庆后，缪秋杰亦陪同张伯苓与周恩来多有交往。何遂四子皆为共产党员，老大老二

何遂、吴石、缪秋杰三人墓碑紧挨在一起

由缪氏安排在盐务系统任职,从事地下工作。1940年,长子何世庸由董必武指派,解决了边区食盐流通问题,缪秋杰则利用巡视陕甘的机会,多有协助。皖南事变形势日紧之际,缪秋杰与何遂一起向中国共产党南方局捐款。

其毕生至交何遂为同盟会元老、国民政府高官。缪氏长女希霞为何氏三子何康之妻。国军将领吴石即由何遂联络，与中国共产党上海局建立联系，情报由何康转递。1947年，中国共产党上海局决定成立"瑞明股份有限公司"，作为直接领导的经济机关。由缪秋杰出面，以缪何两家为名合办企业，上海局刘长胜化名做董事，何康任总经理，缪希霞任会计主任。愚园路23号为缪秋杰盐务系统物业，资产设备属于上海局。这家公司除给解放区输送医药器材，主要从事统战、策反工作，并为上海局领导隐蔽备用地。

几十年来，缪何两家亲缘浩渺，子嗣蔚然。吴石归葬就由何康、缪希霞具体办理。

墓碑上的红五星

郭春涛

郭春涛（1898—1950）的墓碑上有一颗红五星。时任政务院总理周恩来给麾下的副秘书长题写了碑铭。

1940年，周恩来介绍苏联驻华武官罗申找郭春涛，请他帮助了解中国当时国际反法西斯活动的军事、政治、经济、文化、教育、各阶层和各党派的动态。郭春涛多方搜取，为罗申送去了不少情报。1941年春，蒋介石接见德国驻华大使，德使表示出希特勒要拉拢蒋介石的意图，向蒋介石透露德国将以"闪电战"袭击苏联。曾任国民党中央监委的郭春涛当即将这一信息通报给罗申。

郭春涛一辈子没加入中国共产党，而且是国民党历史上

郭春涛之墓

有名的"改组派"大员。1928年,郭春涛等人成立"中国国民党改组同志会",奉汪精卫为领袖,反对蒋介石党内独裁。"改组派"主张严密组织,森严纪律,实行党内民主化、民众化,恢复农、工、商、民运动,反对蒋介石新军阀。

在湖南长沙一中读书时,郭春涛任学生会主席。长其四届的毛泽东则在湖南公立第一师范任学生会主席,皆湘内青年才俊。郭春涛到北京大学求学时,毛泽东在图书馆工作。1919年,郭春涛与蔡和森、李富春、李维汉、王若飞、蔡畅等同赴法国勤工俭学。旅欧学生建立新民学会旅欧支部,蔡和森为社长,郭春涛为秘书长。郭蔡联名写了《论中国革命的道路》。

郭春涛平生与中国共产党若即若离：四一二反革命政变时，郭春涛曾在冯玉祥的军队里营救和保护了邓小平。1941年，郭春涛参与建立了中国民主同盟。1943年在"陪都"重庆，郭春涛与张澜等人皆为著名民主人士，并成立了有共产党背景的三民主义同志联合会（民联）。1948年，他又成为中国国民党革命委员会（即今日民革）中常委和副主席。1949年，郭春涛还直接参与了与上海解放和湖南解放有关的策反活动，被保密局误认为"中共上海地下市委书记"。

解放战争以后，民联指定郭春涛为民联与共产党的联系人，周恩来指派地下党吴克坚与郭春涛固定联系，并指示由郭春涛、吴克坚等人组成秘密情报系统。当时，吴克坚负责的电台必须慎之又慎。郭春涛竟找到好友、时任上海警备司令部司令的杨虎，请他为吴克坚安排一个杂役的工作。于是，吴克坚直至解放都未暴露。

郭春涛生前与长子郭志坚谈话中说："你问我为什么不参加共产党？我曾和共产党的朋友表示过入党的意愿，他们后来给我的回答是：'中央的意见，你在党外比党内的作用大。'所以，我只好做一个党外的布尔什维克了。"

变脸

沈醉

在中国纪实文学的历史上，有两部人尽皆知的畅销书涉及同一个人物。其间所涉历史以及人物命运令人感慨系之！

沈醉（1914—1996）的著作曾经是在畅销之列的。他去世近三十年，其三部曲《我的特务生涯》《我这三十年》《人鬼之间》迭有新出版本。

六十年以前，中国还有一部畅销小说《红岩》，不仅多次印刷数百万册，而且以小说、电影、音乐、戏剧等各种艺术形式，使江姐、许云峰、华子良、小萝卜头等先烈的形象深入人心。

《红岩》是一部纪实性作品，其中人物各有原型，反面人物毛人凤、严醉、沈养斋、徐鹏飞的原型，就是保密局的大特务毛人凤、沈醉、周养浩、徐远举。

沈醉的女儿上高中的时候，《红岩》正在热销。她怎么也不能把那个阴险的刽子手严醉与自己的父亲沈醉联系起来。

沈醉18岁参加军统，因机警干练，24岁即任职军统局"八大金刚"之一的总务处少将处长，1949年任保密局云南站站长兼云南绥靖公署保防处长。

小说《红岩》的故事围绕着《挺进报》和狱中斗争展开。特务头子徐鹏飞、严醉派爪牙，打入重庆大学和共产党地下联络站沙坪书店，追查《挺进报》的线索，破获重庆地下党组织。地下党负责人许云峰察觉敌人的阴谋，迅速采取了应对措施，但甫志高遭敌人逮捕后贪生怕死，背叛革命。许云峰、成岗在危急关头挺身而出，坚贞不屈。

《我的特务生涯》中专有一章"《挺进报》案"，叙述了特务之间的关系和当时沈醉眼中的共产党人和叛徒。其中，对烈士刘国鋕（《红岩》中刘思扬的原型）的描述颇详。这一章以沈醉到南京赴任结束，而小说《红岩》的第十章正有一个细节

沈醉之墓

说到了"严醉"的此次赴任。

沈醉作为战犯在北京功德林监狱关押了十年，这个地方离我的旧居咫尺之遥。读沈醉的书，关于他如何杀人，如何监视鲁迅和宋庆龄，如何抓捕共产党员时抱着他从三楼摔下，如何在中美合作所观察审讯，不禁毛骨悚然。沈醉于1960年11月被特赦，后发现他1949年的起义通电和《告云南军统特务放下武器号召书》，遂认定其为起义将领。

1962年，沈醉任职政协文史专员，后任政协委员。这时候，正是《红岩》畅销的时候。"文化大革命"时，沈醉被再次羁押。再次被释放后，他开始了"畅销书"写作。

沈醉经历的事许多只有他一个人知道。不时有严谨的当代史学者指沈醉在一些文章中为了迎合，编造史料。

"失踪者"韩叙

1999年春，老布什夫妇访问北京。行间，他对陪同人员说："现在是你们的清明节，我想知道韩叙的墓在哪儿，我想到他的墓地去献花。"

作为退了休的美国总统，老布什肯定找不到韩叙的墓地。即使是中国人，在万安公墓的那座墓碑前，也不会知道那位老外交家就埋葬在这里。

这里是"沈氏家族墓"，其中的一位长眠者叫作"沈崇健"，沈崇健兄弟五人。1942年8月的某一天，这位18岁的燕京大学学生悄然失踪。七天之后，他出现在河北省平山县中

沈氏家族墓

国共产党晋察冀分局城市工委驻地，随后，他被安排到华北联合大学下设的法政学院学习。他在入学表格的姓名栏里填上了一个新的名字——韩叙。

二十九年后的 1971 年，韩叙已经成为中华人民共和国外交部礼宾司司长。在基辛格那次历史性的秘密的破冰之旅中，他起到了特殊的作用。基辛格后来回忆说："1971 年，当我走下飞机时,韩叙作为礼宾司司长第一个迎接我访华。此后,我每次重访中国,总是企盼能与他相聚。"无独有偶,曾担任美国总统国家安全事务助理的黑格也在回忆中谈及他和韩叙一起工作的情景:"他的精力之好让我吃惊。当我得知他每天要骑自行车从家里到单位时,我对他更为敬佩。"

1973年,韩叙被任命为中国驻美联络处副主任。1985年,时任外交部副部长的韩叙被任命为中国驻美大使。作为一名外交家,这位中国大使对美国议员的情况了如指掌。435名众议员和100名参议员中,几乎没有他叫不出名字来的,对重要议员,他能如数家珍地说出他们的业余爱好。韩叙的自主演讲,更在外交圈里传为美谈,他的答问常常使社交中的气氛变得更加热烈。"在中国很少有人讲英语,这会不会给做生意带来很大的困难?"有一次他又碰到这样的问题,他答道:"英语在中国是被学习得最多的外语,我相信,在中国讲英语的人要比在美国讲汉语的人多。"众皆开怀。在场的一位华裔企业家说:"从来没有看到哪个中国外交官像韩叙那样,让一群共和党人开怀大笑。"

1987年圣诞，老布什一家又出现在中国大使官邸的晚宴上。席间，老布什夫人芭芭拉表示有些为儿子小布什的前途感到担忧。他当时刚刚结束了一段并不成功的经商经历，转入政界，芭芭拉觉得，要想在政界有所作为，儿子的年龄未免大了些。韩叙闻听，引用了一句中国老话："我们中国人常说'四十而不惑'，意思是说，人到了40岁时才能明了各种事情而不会感到困惑。你儿子刚刚步入这个年龄，他将来一定会有所作为的。"韩叙与老布什同庚，他有资格说这样的话。这一年小布什41岁，14年后，他当选美国第43任总统。

韩叙说，是一本《西行漫记》吸引他走向了解放区，沿着斯诺的那条路，他走了毕生——1924年至1994年。

一个家族与当代史

黄敬　范瑾

黄敬（1912—1958）去世时是中共第八届中央委员，国务院科学规划委员会副主任、国家技术委员会主任兼一机部部长。他的妻子范瑾（1919—2009）是1938年入党的老党员，是《北京日报》的奠基人，1964年任北京市副市长。

黄敬本名俞启威，1932年在青岛大学被王林发展加入中国共产党。当时青大掌握在新月派文化人手里，校长杨振声把除了胡适的新月派教授几乎都请到了青大。1932年秋，因学潮解散的青岛大学改名为山东大学重新开学。黄敬因为没有被学校开除继续回校上学，而被开除的王林在上海接上了组织的关系，参加了中国左翼作家联盟。

黄敬的祖父俞明震是清末举人，官至甘肃提学使；父亲俞大纯留学海外，是民国初年重要的技术专家，曾任陇海铁路局局长。俞氏家族与曾国藩家族、陈宝箴家族关系紧密，数代通婚，后来又联姻蒋介石家族；陈、俞、曾、蒋这四个中国近代史上著名家族的姻亲关系，形成了一张极具特色的关系网络。

1935年，"一二·九运动"爆发。12月16日，北平学生组织了更大规模的示威游行，黄敬是总指挥。这一天正在现场

1935年，黄敬在北平学生游行现场演讲，斯诺摄

的斯诺拍下了一张历史性照片，演讲者正是黄敬。游行被镇压时，黄敬把两名被砍成重伤的女同学交给王林，让他急送协和医院。解放后才知道这两个女生是聂元素和毛德贞。而留下了毛德贞在医院照片的青年摄影家方大曾在抗日战场上失踪。

1936年，黄敬已经是中国共产党北平市委负责人，与王

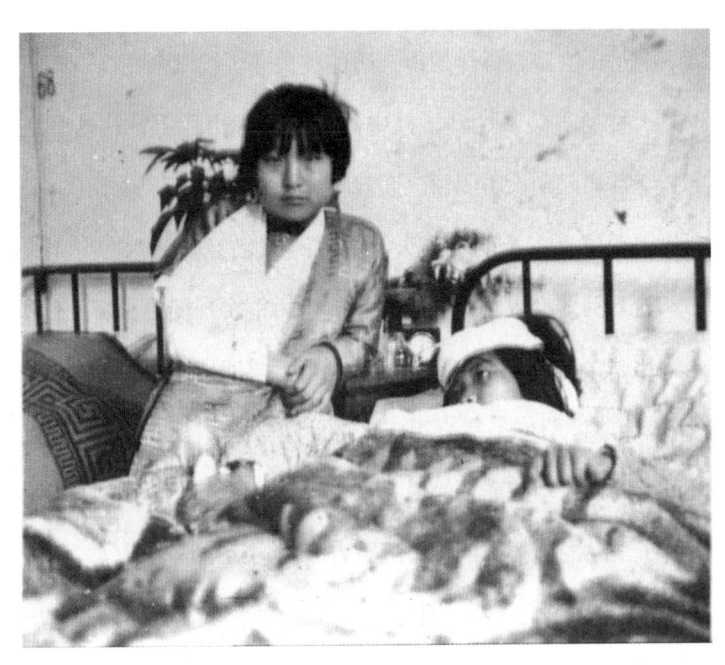

"一二·九运动"中的受伤者毛德贞，方大曾摄

林几乎朝夕相处。一天，王林把老友李楚离在狱中的情况告诉了黄敬，起初黄敬没有表示态度。大约6月底，黄敬忽然很严肃地向王林说："有件工作，需要你去做一做。""党中央很关心这些在狱里押着的老同志……因此组织上决定叫他办手续赶快出来。"见王林一愣，黄敬更加严肃地说："这是组织上的决定，而不是他个人的动摇变节！你要利用同学的特殊关系，把组织上这个决定告诉李楚离，叫他赶快办手续出来！"

王林通过关系见到了狱中的李楚离，用隐语转达这个决定。李楚离起初没听明白，表现吃惊之状。后来听明白了，立刻热泪盈眶，痛苦地摇摇头，说道："我已经坚持六七个年头了，剩下的刑期也有限了，我不能最后落个叛徒出去！"王林继续用隐语，用党的名义说服他。他含着泪花，警惕地问道："你怎么能证明你是代表组织来的？"王林没法证明，只能重复黄敬的话。李楚离不等说完，转身蹬着铁镣回牢房去了。黄敬听了王林的汇报，低下头沉默着，一句话也没有说。

"文化大革命"中，此事引发了"六十一人叛徒集团"事件，后在1978年获得平反。

1936年7月，黄敬派王林到西安东北军学兵队从事地下工作。在此期间，王林将张寒晖的歌曲《松花江上》带到了东北军中。1938年，黄敬任冀中区党委书记，1943年，在日军"扫荡"中坚持斗争的王林创作出反映中国共产党抗战的第一部长篇小说《腹地》。

范瑾在冀中时曾任《冀中导报》主编，1952年到1966年主政《北京日报》。邓拓是她在晋察冀从事新闻工作时的老领导。范瑾原名许勉文，祖父许寿昌是戏曲界道具行当里的泰斗，其叔祖父许寿裳是鲁迅的好友，舅舅是著名历史学家范文澜。

黄敬与王林毕生交好，生前过从甚密。王林的幼子是新时期美术雕塑界的闻人王克平。

大时代，风云际会。

大师

惟此独立之精神,
自由之思想

三铭两碑一大师

王国维

1927年6月2日，清华大学国学院导师王国维早上盥洗完毕，然后到饭厅用早餐，餐后又到书房小坐。当他到达办公室后，先给毕业研究生评定试卷，然后和研究院办公处的同事谈了下学期招生事宜。谈毕，王先生向这位同事借大洋二元，出办公室后雇了一辆人力车，前往颐和园。颐和园的园丁说："先生上午10点钟左右进园。""初在石舫前兀座，久之，复步入鱼藻轩中，吸纸烟。"当王国维在长廊西隅的鱼藻轩吸完这根烟，此时为11时左右，他缓缓步入湖中，然后跃身头朝下扎入水中，于园中昆明湖自沉。

家人在他遗物中发现了他死前一日所写的遗书。开头言："五十之年，只欠一死。经此世变，义无再辱。"是年，先生将50岁（1877年12月3日—1927年6月2日）。一般认为，所谓"世变"与1924年逐溥仪出宫之后的各项世事有关。如梁启超所说："他平日对于时局的悲观，本极深刻。最近的刺激，则由两湖学者叶德辉、王葆心之被枪毙，静公深痛之，故效屈子沉渊，一瞑不复视。"

先生自沉两年后，清华大学研究院同学为其立纪念碑于校园内工字厅东。国学院的另一位大师——40岁的陈寅恪为此撰《王观堂先生纪念碑铭》，此碑由法学家兼哲学家林志钧书丹，做过十九年故宫博物院院长的马衡篆额，建筑学家梁思成设计碑式。末署"中华民国十八年六月三日二周年忌日国立清华大学研究院师生敬立"字样。陈寅恪所撰纪念碑文意味隽永、传诵弥久。

其文曰：海宁王先生自沉后二年，清华大学研究院同人咸怀思不能自已。其弟子受先生之陶冶煦育者有年，尤思有以永其念。佥曰，宜铭之贞珉，以昭示于无竟。因以刻石之词命

清华大学研究院同学为王国维先生立的纪念碑

寅恪,数辞不获已,谨举先生之志事,以普告天下后世。

其词曰:士之读书治学,盖将以脱心志于俗谛之桎梏,真理因得以发扬。思想而不自由,毋宁死耳。斯古今仁圣所同殉之精义,夫岂庸鄙之敢望?先生以一死见其独立自由之意志,非所论于一人之恩怨,一姓之兴亡。呜呼!树兹石于讲

沙孟海题写的《王国维先生墓碑记》

舍，系哀思而不忘。表哲人之奇节，诉真宰之茫茫。来世不可知者也，先生之著述，或有时而不章；先生之学说，或有时而可商，惟此独立之精神，自由之思想，历千万祀，与天壤而同久，共三光而永光。

陈寅恪所撰之"独立之精神，自由之思想"由此成为先生精神之铭。然而，北京西山福田公墓中，还有另一座王国维墓碑，碑文为沙孟海撰书。

先生入室弟子戴家祥有《致沙孟海书》曰："1960年1月，清华大学扩建校舍，将其墓地圈在校里，并为迁葬在'福天（田）公墓'，但是墓地并无一点标志。王师后人和北京市文物局商洽结果，允许王氏子孙树立一座墓碑，公家可以出钱。"

历史学家邓之诚于1959年12月17日的一则日记也曾记录此事："午睡起，王仲闻惠然而来，可谓佳客。言其尊人静安先生墓须改葬，伐树可得千余金，足敷封树之费，久坐而去。"

王国维先生曾孙、复旦大学图书馆古籍专家王亮先生在得见邓之诚日记后写道：清华大学"墓地松柏历数十年均已成材，这笔'动迁费'可谓相当优渥。笔者曾执日记此则以询家父王庆山，父亲告以当时观堂子女在京者仅祖父王高明（字仲闻）一人，祖父说此款决不可子孙自用，除五百元用于延工重立墓碑，余款悉数赠与守护墓区多年的一位老人"。

如此，王氏后人委托门生戴家祥致函乡贤沙公为静安先生之墓题写碑记。翌年9月，沙孟海在住院检查期间赶写《王国维先生墓碑记》。10月1日《沙孟海致陈修良书》写道："我于本月九月三日入院，顽强的低热，经一个月的检查，于九月下旬似慢慢有些眉目……"陈修良就是那位解放南京时的南京地下党市委书记。她是沙孟海的弟媳。

严格地说，前两则文字并非先生的墓志铭。清华大学是"纪念碑"，福田是"碑文"。另有一通"墓志铭"依规制埋于地下，仅有拓片传世。

墓志铭撰书者均为王国维在溥仪宫中任南书房行走时的同僚。书丹的袁励是光绪、溥仪的书法老师。撰文的杨钟羲是大藏书家、授翰林院庶吉士，其有四十卷《雪桥诗话》，陈寅

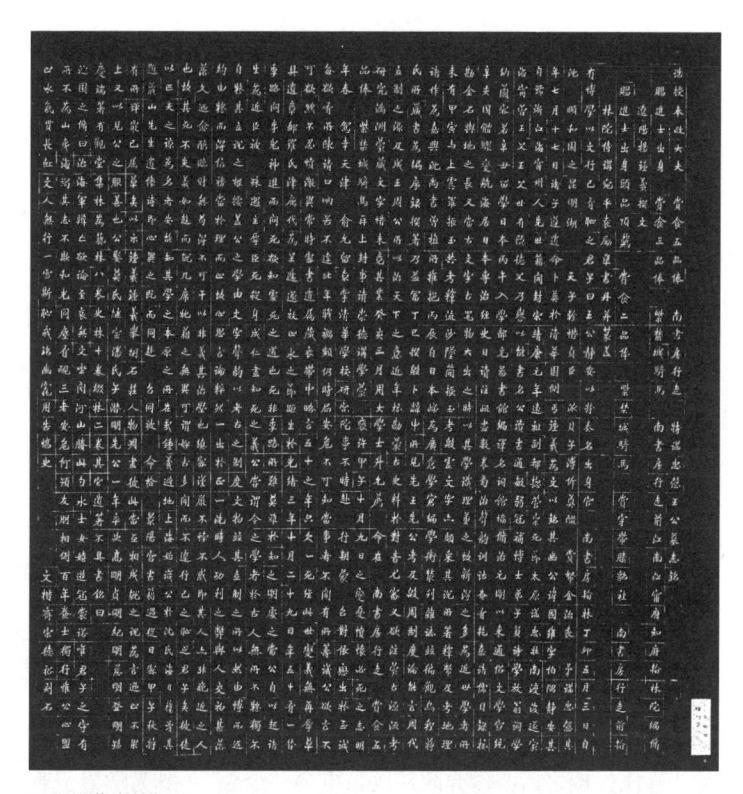

王国维墓志铭拓片

恪和胡适等近世学者都特别看重。刻石的宋德裕是当时的顶级高手，袁崇焕庙、詹天佑像都是他的刻工。

三铭两碑一大师——镌汇了那个时代各路贤哲的故事。

不为良相,则为良医
施今墨

国破思良将,瘴疫赖名医。

施今墨(1881—1969)原名毓黔,幼年即从其舅父学医,又读山西大学堂、山西法政学堂、北京京师法政学堂。追随黄兴,参加辛亥革命,1917年任湖南省教育厅厅长。民初政治颓乱,施氏失望之后,遂弃政从医,更名"今墨":既为学墨子兼爱之道,更秉"不为良相,则为良医"之志,要做当代"绳墨"。

1925年孙中山病重时,施今墨曾竭力反对动手术,主张用汤药治疗。1927年后,西医之势渐旺,中医或有蹇促。有人提出取消中医议案,国民政府拟正式决议。是时,施今墨奔走南北，连结同业，成立中医公会，更数次赴南京请愿，以求力挽狂澜。当时国民党少壮派为取消中医最力者，适汪精卫的岳母患痢，遍请西医，每药愈重，行将无望，有人建议请施今墨诊治。汪精卫无奈，同意试试。施今墨抚脉，每言必中，老太太心服口服。开处方时，施今墨道："安心服药，一诊可愈，不必复诊。"病危至此，一诊可愈？众人皆疑。服数剂后，果如施今墨之言。汪精卫这才相信中医之神验，题字送匾，不再提取消中医之词。后，国民政府收回成命，批准成立中央国医馆，任施今墨为副馆长。

施今墨医道精良，每有奇案。军阀阎某，因酒色过度，精神萎靡，多治不效。施今墨开过处方后，对家人言：药不难，药引难，须以家中古瓷瓶打碎，煎汤后，再下他药。家人只得照办。阎某服药后，方晓心爱的古瓶被打碎做引，心痛不已，浑身冒汗，病情顿愈。原来施氏碎瓶引是对病人进行心理疗法之精神刺激。

中年施今墨为培养子女学医的兴趣，让孩子们从初诊的病人中随意请来一位，未经问诊，一搭脉即辨为"风湿病"；

施今墨之墓

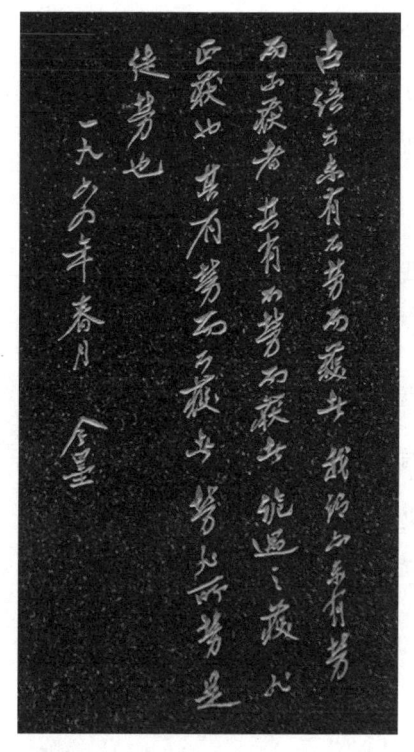

施今墨墓志铭

再请一位，脉后指"高血压症"；又一位，摸脉后判"高血压动脉硬化"，所说无一不中，四座皆惊。其谓诸子："虚实之要，莫逃乎脉。"

施今墨与萧龙友、孔伯华、汪逢春被世人奉为"四大名医",是从1935年国民政府颁布中医条例起。是年北京第一次中医考核,其四人被举为主考官,因有此称呼。

施今墨于现代中医贡献卓越,医德高尚,其"兼爱"之道持乎终生。1968年8月,先生嘱其子嗣,必须将医案整理出书。言:余虽身死,但我的医术留给后人,仍为人民服务。并嘱将遗体解剖,为医学研究作最终贡献。

2020年2月,施小墨道:"半个世纪前,家父施今墨就预测到:如果疫情流行,会有'温邪上受,首先犯肺'的特点,故创制了气管炎咳嗽痰喘丸。"且表态将该方"奉献给国家"。笔者连日服同仁堂预防药,该方矣!

与病毒休战

金宝善

　　金宝善（1893—1984）是中国第一代预防医学专家。在这些年叠历 SARS、新冠之后，国人深知"专家"于此时关乎兴衰欲绝的作用！

　　先生是绍兴人，早年就读绍兴府学堂（今绍兴市第一中学前身）时受业于鲁迅。曾考入南京水师学堂，后转入杭州医科专门学校。20 岁赴日留学攻内科，又入帝国大学传染病研究所。回国后在医校任教。再赴美进修，获硕士学位。20 世纪 30 年代回国开创传染病防治工作。其历任国民政府卫生署署长直至卫生部次长，抗战间亦深入前线救护伤兵。抗战胜利后，参与筹建世界卫生组织。1951年回国，先后任卫生部技术室主任、参事室主任。1954年起，任北京医学院教授兼卫生系主任、中华医学会常务理事等职，并为第三届全国政协委员。是我国著名公共卫生学家，中国预防医学奠基人。

作为预防医学专家，金宝善是日寇发动细菌战的历史见证人。1940年到1941年，日本在战场上进行了五次细菌武器攻击。1942年4月，中国卫生署署长金宝善将日军在中国撒播细菌的情况向世界公布。开始，英国国防部并不相信，向波顿细菌研究所提供中国备忘录时注明："看不出是可以信赖的东西。"4月11日，得到这份备忘录的美国官员也认为"并未对此提出足够的新的事实……没有将常德发生鼠疫的原因归咎于日本的决定性证据"。当时，使用细菌武器只存在于科学家的想象范畴，没有人相信在战场上已经发生了细菌攻击。直到美国和英国利用自己的独立情报网获得准确情报，确信了细菌战的事实后，美国的反应是立即行动起来，开发自己的细菌武器。

先生晚年担任世界各国卫生情报和资料编写工作。1972

金宝善之墓

年，编写《预防医学词汇》，著有《查阅医学外文期刊经验简介》《中华民国医药卫生史料》等。

其女金蕴华是中国制药领域的杰出专家。

开放先行者

乐嘉藻

都知道贵州茅台酒在 1915 年就得过世界大奖。有没有人想过：一百年前，中国一片混乱，谁把一个小山沟里的酒送出去的呢？

乐嘉藻（1867—1944）。

1915 年，为了庆祝巴拿马运河通航，在美国旧金山举行了"巴拿马万国博览会"。北洋政府农商部在天津设立商品陈列所，负责征集送展产品。当时茅台镇成义、荣和两家烧房送到赛会上的茅台酒产品，以圆形小口黄色陶质釉瓶包装，毫不被人关注。不知道是偶然还是故意，忽然，茅台酒的酒瓶被当众打碎，顿时醇香四溢。经各国专家品评，茅台酒被评为世界名酒，获得了奖章和奖状，从此蜚声中外。农商部商品陈列所所长就是贵州人乐嘉藻。时，乐嘉藻率人赴巴拿马介绍中国商品于世界。除了贵州茅台酒，展会上的苗族刺绣也是由乐嘉藻征集推荐的。

再往前二十年，在北京报国寺里参与"公车上书"的千余名举人里也有乐嘉藻。当时，乐嘉藻有个人署名奏折直接上光绪皇帝，内容为主张全盘学习西方科学教育，其措辞激烈以至军机处留中不发。

1902年，乐嘉藻等人创办了贵州第一所力行现代教育的贵阳师范学堂，学堂为公办，经费由地方筹集，教师多为日籍教员，所用教材从日本带来。1904年，乐嘉藻与平刚等人发起成立贵州最早的资产阶级革命团体"科学会"，并任会长。1907年11月，乐嘉藻参与张百麟等三十余人在贵阳田家巷镜秋轩照相馆举行的集会，成立"自治学社"，以学社之名而行革命之实，学社的宗旨是"合群救亡"。后经平刚介绍，以自治学社加入孙中山为首的同盟会。

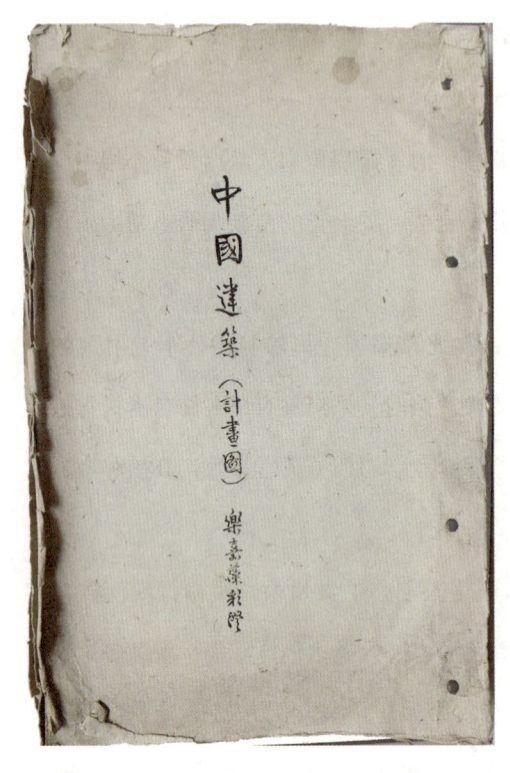

《中国建筑（计划图）》

辛亥之秋，武昌首义，全国动荡。时，四川保路、云南光复消息相继传来。11月2日，张百麟、杨昌铭、乐嘉藻、任可澄、周培艺、蔡岳等冒死入巡抚署，要求独立。巡抚沈瑜庆表示"吾家世受国恩，义不背叛"，张百麟、乐嘉藻等遂召开紧急会议，决定次日凌晨起义。11月4日，贵阳南厂新军首先发难，陆军小学起而应之，攻入城内，沈瑜庆见大势已去，乃手书承认贵州独立。作为贵州辛亥革命的领导人之一，乐嘉藻后任大汉贵州军政府枢密员。在唐继尧等摧毁革命组织后，乐嘉藻赴京请愿，即未归黔。

1934年，乐嘉藻出版了《中国建筑史》，作为中国建筑史学的开山著作，本书一直为后学所必读。

从"公车上书"到辛亥革命，那一代仁人志士为中国的科学和进步可谓英勇奋进。乐嘉藻的足迹不该被我们忘记！

大师之立论、立言与立人
陶孟和

　　1949年4月24日,刚进入南京的第三野战军司令员陈毅来到中央研究院社会研究所。着长袍的所长在会客室与陈毅相见,互道姓名以后,乃知长衫先生即陶孟和。陈毅早年在北平中法大学读书,陶孟和的文章给他留下深刻的印象。他也了解陶孟和在解放前夕发表文章抨击国民党独裁政府的言行。这是他此行拜访的原因。两个月后,陈毅力荐陶孟和出任中国科学院副院长。

　　陶先生自1914年至1927年任北京大学教授、系主任、文学院院长、教务长。蔡元培就任北京大学校长后,陶孟和极力支持蔡元培整顿北大的主张和措施。李四光、丁西林等皆为其专程由英国延聘至校。

五四前后,陶孟和与陈独秀、胡适等相识、相知。他担任《新青年》编辑,在1919年3月致胡适函中说:"设《新青年》之精神得以贯彻,亦可喜也。"在1917年至1920年的《新青年》杂志上,陶孟和共发表十余篇文章,极力提倡科学和民主,改革和创新社会制度。1919年冬,在北京的新民学会会员十几人曾联合"请蔡孑民、陶孟和、胡适之三先生各谈话一次","所谈多学术及人生观问题"。

陶孟和(1887—1960)原名履恭,祖籍浙江绍兴。他先后在东京高等师范学校、英国伦敦大学经济政治学院学习,获经济学博士学位。先生精通英文、法文、日文、拉丁文,是中国现代社会学、经济史学、图书馆学甚至地理学的开创性人物。

先生著作等身,1912年便有用英文编写的《中国乡村与城镇生活》一书,是我国研究社会学的最早一部著作。29岁即由中华书局出版了《中外地理大全》一书两卷,十年中再版七次。1929年,先生创办社会调查所,这是我国最早成立的社会学研究机构。1940年,先生研究成果之一《抗战损失研究和估计》,为抗战胜利及谈判赔偿提供资料准备。20世纪70年代初,在中日复交谈判中,周恩来亦曾派人了解这项

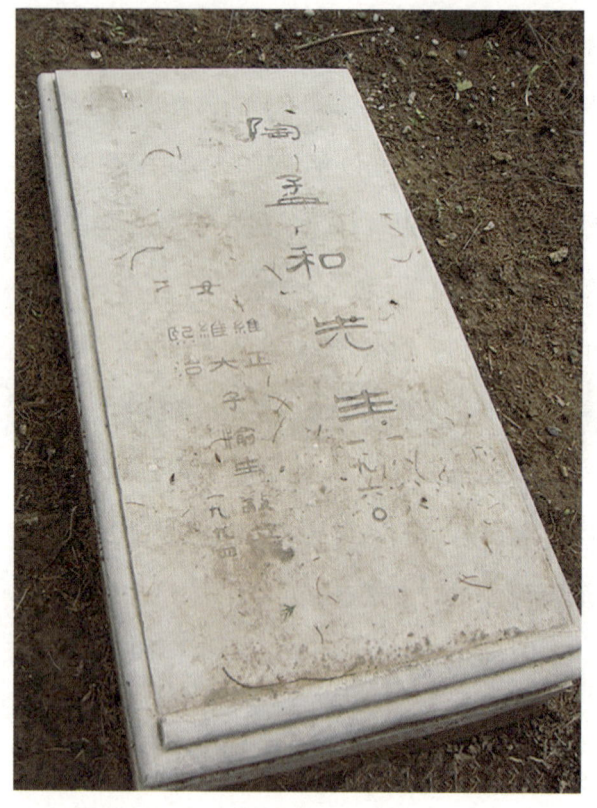

陶孟和之墓

成果。中国现代科学图书情报系统，更是先生一手建立。1943年起，陶孟和被聘任为中央研究院评议会的评议员。1948年当选为中央研究院院士。新中国成立后，任中国科学院副院长。

陶孟和一生克己奉公，廉洁自律。先生逝世后，遵照生前的遗愿，将其全部图书赠给中国科学院图书馆。留下的一万八千余元捐赠给了中关村小学和科学院幼儿园作办学费用，家具赠送给中国科学院行政管理局，后发送到灾区。

在万安公墓，大师的碑铭是睡在地上的，但是其学问、人格却永远立着！

珠峰！珠峰！

林超

1865年，几个英国人从150英里外的印度平原北望珠穆朗玛峰，测定珠峰的高度为29002英尺（相当于8839.8米），从而"发现"了这座世界最高峰。有记载说，一个孟加拉计算员跑到测量局长室，气喘吁吁地报告说："先生，我已发现世界最高峰了。"当时的印度测量局局长乌阿以为这座山没有名字，建议命名为"Everest"，即"埃佛勒斯峰"，这是他前任局长的名字。

新中国成立初期，国内的一些地图甚至地理教科书照抄西方，把珠峰写作"埃佛勒斯峰"。这引起了地理学家林超的关注。1958年，他发表了论文《珠穆朗玛的发现与名称》，论文指出：关于珠穆朗玛的名称，过去世界各国通用埃佛勒斯，而我国在很早以前就称其为珠穆朗玛峰，这个称呼源于西藏佛典中的五位女神，珠穆朗玛是三姐珠穆朗桑玛的简称。珠穆在藏语中是女神的意思。据西藏经典《十万宝训》记载，西藏人在7—8世纪时称世界最高峰为"罗札马郎"，即是"南方养鸟之地"的意思。林超先生在他的论文里列举了大量文献，证明珠峰不仅早就有名字，而且它的位置、名字早在18世纪初叶就被标在中国地图上了。他以渊博的地理知识、大量的中文和英文资料，充分说明了珠峰应叫"珠穆朗玛峰"，而不是"埃佛勒斯峰"。在林先生之前，已经有人论述过这个问题，但林先生的文章最有分量，一锤定音。

因为喜爱收藏地图，笔者对地理学家自然格外关注。林超（1909—1991）先生是我国著名的地理学家和地理教育家，是中国人文地理学、综合自然地理学和景观生态学的开拓者。他17岁靠奖学金进入岭南大学文科，第二学年转入中山大学哲学系，第三学年，他选修了俄国人史禄国主讲的人类学和民族学，因为课程中涉及人类与环境的关系，对地理学的兴趣悄然萌生。正好1929年中大创办地质系和地理系，他便选修了瑞士教授汉姆的地质学和德国教授威廉·克勒脱纳的自然地理课程。由此，他以地理学为终身事业。那年他20岁，开始了对人生珠峰的攀登。

先生毕生深入野外，遍历祖国山川；先生是现代中国地理教育鼻祖，门生遍及四海。其身后，家人又以其私财在北京大学专设"林超地理学奖"。先生34岁在新疆考察中有《出

林超之墓

塞》诗抒怀："男儿须作万里行，/四海为家安此身。"

壬寅年（2022年）涂月，一批地理学家在大疫中同时故去。他们是谢宝康、冯功顺、陆国胜、刘基余、张正禄、李羽葆、郑儒根、梁荫中、田景敏、李裕忠、张元坤、黄世德、胡毓钜、王昆杰。"十二月为涂，辜之言故"（俞樾语）。是年，还有谢凝高、上官鸿南、段义孚等地理学家谢世。这是群峰的崩塌！其中，多有林先生弟子——珠峰下，叠嶂埋首，痛哉！

学业的传承
江泽涵

江泽涵（1902—1994）是跟着胡适到北京的。那一年他15岁，就住在胡适的家里复习功课，因为胡适是他的堂姐夫。这时的江泽涵对姐夫由衷钦佩，想跟他学习文史哲，但到南开中学后转而学了理科，彼时都敬德先生、赛先生。

经过南开大学、厦门大学的读书、任教，江泽涵1927年赴美国哈佛大学，三年后获得哲学博士学位，随后在普林斯顿大学任教，并选定了拓扑学研究方向。1931年，他回到北京大学数学系任教。1934年任北京大学数学系主任，此任历十八年，直至1952年院系调整。其间，还在清华大学为研究生讲授拓扑学，听课的学生中就有陈省身。

1938年，江泽涵迁任西南联大数学系主任。当时新书和期刊很难找，时任驻美大使的胡适买到一本《维数论》，用航空快件寄到了昆明，并在书上写："我不懂数学，这本新书我相信对泽涵有用。"为了节约邮费，胡适把这本书的硬皮封面给撕下去了。江泽涵收到书后兴奋异常，专门用马粪纸和红布做了一个书皮，此书被江泽涵保存了一生。

1973年，受命给工农兵学员讲几何和英语的江泽涵决心写一部专著。这时他原来居住的燕南园51号已经成了大杂院。江泽涵向系革委会借了一间办公室，为了同开会时间不冲突，他经常起早或趁人吃晚饭时去写作，人们常常看到这个70多岁的老人拎着一个书包和一只暖瓶蹒跚地走在燕南园和数学系之间。1976年初，江泽涵的《不动点类理论》上册终于写完，他请人油印了一百多本，专著上署名"北京大学数学系革命委员会"。在人类数学文献的历史上，这恐怕是唯一的。

不久，该油印稿经江泽涵的堂妹江春泽，到江春泽的同事方惠园，再到方惠园的父亲、时在中国科学院主持工作的方毅手中。方毅即请钱学森、钱三强、钱伟长等组成评估小组审阅。评估小组对之评价很高，方毅决定由科学出版社出版此书。1977年，《不动点类理论》定稿，次年，这项研究成果受到全国科学大会奖励。

1994年3月29日，在妻子去世二十天后，江泽涵病逝。

路过墓前我总想：现代数学的后生学子，有几人知道学业传承之渊源？

大道文章
王力

今人对古汉语、旧诗词的知识，恐怕多一半是从王力先生处来的，因为那本《古代汉语》和那本《诗词格律》。不过，这只是先生一生五十部学术专著、二百篇论文、二十余部翻译作品、全部一千五百万字著作之一斑。

王力（1900—1986），字了一，广西博白人，中国现代语言学的奠基人之一。1926年考入清华大学国学研究院，师从梁启超、赵元任等。当年清华大学国学研究院考试，试题只有"四个一百"，即经典、学者、著作、诗词，各写出一百个来，均要求具体的起讫数据、原文和认知，王力在三十六名人学者里名列第二十四。其时，王力的学历为"高小"。

后人评价王力学问"用力至勤，成就至大"，举凡语言学的各个门类，如音韵、训诂、词汇、语法、诗律都曾涉猎，并集学者、文学家、诗人、翻译家于一身。先生自称其学问为"龙虫并雕"，既重视学术也重视现实人生，重提高也重普及。

20世纪80年代的《中国青年报》上，先生治文，从"和'老大狼'一起住'火坑'"上谈起"文化大革命"耽误了青年的文化学习，当时笔者在那家报社做编辑，均感慨大家"小作"之功力。

了一先生的墓，立于路边，其地逼仄且平凡，然有其亲笔手书七言砌于碑间：

甜甜苦苦两人兴，四十五年情意长。

七省奔波逃狻猊，一灯如豆伴凄凉。

红羊溅汝鲛绡泪，白药医吾铁杖伤。

今日桑榆晚景好，共祈百岁老鸳鸯。

王力之墓

  五十六字写了先生与夫人夏蔚霞一生相濡以沫的经历。此前，先生的第一次包办婚姻于1932年结束。离婚后，前妻居老家，先生仍长期承担其生活费用。

  先生晚年，一日，邓小平为某英模题词，嘱专家把关。先生指原文中"符合"的"符"字使用不大规范，当改成"副"字。邓小平大悦，改。

  中国人讲人伦文品曰"大道文章"。了一先生之大道文章，"名副其实"也。

哲人其萎

冯友兰

　　无论读中国哲学史还是在万安公墓，我们都无法绕开他的身影——冯友兰。

　　冯友兰（1895—1990），字芝生，河南唐河人。29岁获得美国哥伦比亚大学哲学博士学位。他的论文题为《人生理想之比较研究》，又名《天人损益论》，这种把中、西哲学熔成一炉的本事，是先生立身的学问之道。回国后，他又沿着论文的方向先后完成了《一种人生观》与《人生哲学》，并成为当时的高中教材。冯友兰是把西方哲学新实在主义同程朱理学结合，也是运用逻辑分析方法研究中国哲学的代表人物。1934年他完

冯友兰之墓

冯友兰自撰墓志铭：三史释今古，六书纪贞元

成了《中国哲学史》,这部受到陈寅恪先生高度评价的著作成为以后大学哲学课的重要教材,并且在七十年以后,成为韩国前总统朴槿惠囹圄之中的重要读物。

1939年到1946年,先生连续出版了被称为"贞元之际所著书"的六部哲学著作:《新理学》《新世训》《新事论》《新原人》《新原道》《新知言》。于是创立了其新理学体系,并由之成为中国当时影响最大的哲学家。

学界对先生的评价分歧,主要不是针对他的新理学体系,而是针对他曾经政治立场的漂移。有学人列其为"四大无耻"之一,季羡林等同代学人却视其为"晚节善终,大节不亏"。

1949年以后,先生放弃了自己以前的思想,并对自己进行了长期的、越来越严厉的批判。"文化大革命"后期,他成为"四人帮"控制的大批判组——梁效的顾问,更是为人诟病。

此间转换的肯綮,当在1949年他与另一位哲学家的一次通信。这年10月,他主动给毛泽东写信,表示愿意改造思想,学习马克思主义,并打算用马克思主义的观点重写一部中国哲学史。毛泽东回信直称他"过去犯过错误",表示欢迎他"进步",

但要求他"总以采取老实态度为宜"。尽管如此,1973年以前,其反复的自我批判还是针对自己的新理学体系的。

晚年的冯友兰对此认知上的倒退是公开承认的。他在《三松堂自序》中说道"修辞立其诚",认为自己在当时确有"哗众取宠"之心。张岱年先生说,深知"冯先生的转变是真诚的自觉的转变"。

在大变革中,一大批高级知识分子都做出了紧跟时代的选择,并因其政治选择而调整自己的学术立场。不过像冯先生这样曾对自己的学术建树否定得如此坚决彻底的并不太多。有论者议及此间个人的道德责任,笔者却宁可从其人生境界的论说中寻找答案。

先生有著名的"人生四境"之说,其"自然境"与"天地境"之间的那一大块"俗境","新理学"并没有脱开去。他应该知道孔子对"泰山其颓,梁木其坏,哲人其萎"的哀歌……

智者的幽默

启功

　　幽默是智力上自信的表现。——没记错的话，这话是王蒙说的。人尽皆知，启功有诗、书、画"三绝"之誉，是大智慧之人，人莫知之，老人也是大幽默之人。

　　启功（1912—2005）姓爱新觉罗，字元白，满族人。他的祖上是雍正皇帝的第九代孙。雍正的四子弘历是乾隆皇帝，五子弘昼是启功这一支的祖上。不过启功从来不称自己是爱新觉罗姓氏，他认为借此夸耀自己的皇族身份是很无聊的事。

　　20世纪80年代，一些爱新觉罗家族的人想以这个家族的名义开一个书画展，邀启功参加。启功对此不感兴趣，又不便拒绝，于是以《族人作书画，犹以姓氏相矜，征书同展，拈此辞之》为题赋诗：

闻道乌衣燕，新雏话旧家。
谁知王逸少，曾不署琅琊。

意思是说，即使像王、谢那样的世家望族，也难免要经历"旧时王谢堂前燕，飞入寻常百姓家"的沧桑变化。真正有本事的人是不以自己的家族为重的，就像王羲之，他在署名时，从来不标榜自己是高贵的琅琊王家的后人。

不只如此，启功还经常用皇族的身份打趣。一次，他和故宫博物院的朱家溍先生去故宫，朱先生开玩笑地说："到君家故宅了。"启功连忙纠正道："不，是到'君'家故宅了。"清朝故宫是明朝朱家的旧业，两位大师语带双关，于是相视大笑。"文化大革命"中，红卫兵来启功家里抄家，逼问他说："是清朝的孝子贤孙，封资修的东西一定不少！"启功也幽了一默："实话实说吧，资没有，修也没有，就是有封。老朽虽系皇室后代，想当孝子贤孙还当不上呢。"

还是"文化大革命"。被封了门的启功没有贴"大字报"的资格，却必须承担抄"大字报"的义务。有时时间紧迫，造反派直接往席棚墙上贴白纸，命令他站着面对席棚墙直接写。如此挥毫，竟练就了他独特的"站功"，笔也练得放开了。后来，当启功的书法誉满海内外，成为千金难得之国宝时，北京师范大学校园内还出现过搜寻启老所抄的"大字报"与"小字报"的热潮。

启功的书法成为难得的墨宝，假冒之作也铺天盖地，尤其在潘家园，竟有几家店铺专卖伪作。一次，朋友带他去看自己的"作品"，一进去便被人认了出来，有人特地走近他身旁问道："启老，这字是您写的吗？"他微笑答道："比我写得好！"在场的人全都哈哈大笑。启老说："人家用我的名字写字，这是看得起我。再者此人一定是生活困难缺钱，他要是找我借钱，我不是也得借给他吗？"

启老在家养病时，曾写一个字条贴在门上谢客，上书"熊猫病了"。来人吃了闭门羹，却仍不免莞尔一笑。

启功对于疾病的态度也是乐观幽默的。一次，因颈椎病发作，医院要他做牵引治疗。这般痛苦事，他却开心地写下《西江月》一首：

七节颈椎生刺，六斤铁饼拴牢，长绳车系两三条，头上数根活套。

虽不轻松愉快，略同锻炼晨操，《洗冤录》里篇篇瞧，不见这般上吊。

在北师大校园内，师门弟子爱戴、尊敬启老，见面总爱称他为"博导"。启功言："老朽垂垂老矣，一拨就倒、一驳就倒，我是'拨倒'，不拨自倒矣！"在他被任命为中央文史研究馆馆长后，有人祝贺说，这是"部级"呢。启功则风趣地说："不急，我不急，真不急！"更为幽默风趣的是启功外出讲学时，听到会议主持人常说的"现在请启老作指示"，他接下去的话便是："指示不敢当。本人是满族，祖先活动在东北，属少数民族，历史上通称'胡人'。因此在下所讲，全是不折不扣的'胡言'……"如此开场，人皆开怀。

启功之墓

万安公墓中，启老的墓碑是一方黑色大理石制成的砚台，上面镌刻着启老在66岁时给自己写下的墓志铭，其诙谐豁达，充满字里行间：

中学生，副教授。博不精，专不透。名虽扬，实不够。高不成，低不就。瘫趋左，派曾右。面微圆，皮欠厚。妻已亡，并无后。丧犹新，病照旧。六十六，非不寿。八宝山，渐相凑。计平生，谥曰陋。身与名，一齐臭。

先生妙笔
任率英

任率英（1911—1989）先生的碑联是范曾题写的，联云"天女花散先生妙笔垂云霭，洛水波寒子建诗魂归去来"，这是对任先生一生绘画成就的赞美。

先生是工笔人物的大师，代表作有《天女散花》《洛神图》，这是碑联里写到的，还有没写到的。比如先生晚年创作的《八十七神仙卷》，可称工笔重彩人物的巅峰之作，如今复制印刷品的开价都要上千元。

任先生是中国连环画、年画创作的大家，在20世纪五六十年代，和刘继卣、徐燕荪、王叔晖等将这项艺术推向极致。

任率英之墓

何谓"极致"——新中国成立初期,先生作为人民美术出版社首批专职画家创作出版了大量的连环画和年画作品,内容以民间故事、神话传说、巾帼英雄、民族忠良为主,传播中华民族的精神美德。其代表作品《洛神图》《嫦娥奔月》《天女散花》《劈山救母》《白蛇传》《梁红玉》《花木兰》《百岁挂帅》等,发行量之数,有统计,年画仅九种,一次发行竟达一千七百万张!画家潘洁兹先生有言:"我不知道有哪一位画家的作品,能拥有如此众多的读者和观众。"

1977年出版的连环画《野心家吕后》，任率英、范曾画

先生生于农家，10岁从民间画师学画，晚年得"大师"之誉后仍为人谦厚，奖掖后生。曾有一浙江农村青年慕名投拜，在他家住下学画。以后老人专门托人为其在热河画院找份临时工作，既维持生计，又慢慢学画。此后该青年竟小有所成。

先生之师，先民间画工冯老智，后"南张北徐"之徐燕荪。先生同门，有工笔画家刘凌沧、吴光宇、黄均等。范曾乃刘凌沧的学生，1977年，范曾与任老合作有连环画《野心家吕后》一册。观中国绘画艺术传承及与政治之关联，趣闻也。

天不爱其道，地不爱其宝，人不爱其情
夏鼐

鼐，鼎之绝大者。夏鼐（1910—1985）先生在新中国考古事业中的地位，一如他的名字，贯通今古，一言九鼎。他先后被选为英国学术院通讯院士、德意志考古研究所通讯院士、瑞典皇家文学历史考古科学院外籍院士、美国全国科学院外籍院士、第三世界科学院院士、意大利中东远东研究所通讯院士。加上中国科学院院士，"七国院士"的传奇，好像只有春秋时佩六国相印的苏秦可比。不过，他在万安的墓却很普通。

先生是大学问家，连古埃及语都懂得。无论"山出器车，河出马图"，在先生眼里，出自何脉何系何经何典都给你——

道来。所以，新中国考古事业的每一个重大发现如何定论，最终总少不了要经过他的首肯。

大学问家们跟谁、怎样校正学问？

还在清华上大学时，他的高中同学在潘光旦主编的《华年》杂志上发表文章，把日寇比拟为古罗马暴君尼禄，不料写错了年代与名字。夏鼐发现后，怕贸然指出会伤对方面子。于是，他找了条迂回之道，冒充那同学的一个密友，去信说明。是为其情其道。

从20世纪40年代起，夏鼐一直随同老师李济在中央博物院和中央研究院史语所工作。一次，他协助审查老师撰写的文章初稿，竟毫不客气地对原稿提出了近四十处修改意见，并为李济所接受。1959年9月，明史家吴晗写了一篇《论海瑞》发表在《人民日报》，文中说海瑞性格，引了《海瑞行状》里的一句话："特其质多由于天植，学未进于时中。"吴晗顺笔翻译了一下："他的本性是天赋的，大概读的书和当时的人不大一样。"夏鼐专修一函，指出："尊译'时中'一语，大成问题。"然后就是引经据典。吴晗回书："承教，甚是。""恍如重

夏鼐之墓

温旧谊，极喜。以后盼多指教。"小吴晗一岁的夏鼐以后还真就训诂和征引问题"指教"了吴晗多次。

考古是职业"挖宝"的。夏鼐干了一辈子，却未在家里收藏一件古物，甚至连复制品都没有。李济是梁启超的学生、

夏鼐在太原晋祠参观北魏造像碑

夏鼐的恩师，1929年主持考古组工作之始，李济就与同人约定：一切出土物归公，私人绝不收藏古物。20世纪50年代初，新成立黄河考古队，队长夏鼐也对队员作出了同样的规定。

孔子《礼记·礼运》曰："天不爱其道，地不爱其宝，人不爱其情。故天降膏露，地出醴泉，山出器车，河出马图，凤凰麒麟，皆在郊椒。"

吾师语我，这里的"爱"可以训作"暗"或者"蔓"，是不能遮蔽的意思。是为"三才"。

常有剧中人
朱家溍

"演悲欢离合当代岂无前代事，观抑扬褒贬座中常有剧中人。"这是朱家溍先生给正乙祠撰写的楹联，是历史、现实、戏剧、人生熔于一炉的绝对，欧骨隶筋的书法更是字字珠玑。

朱家溍（1914—2003）是宋代理学家朱熹的廿五世孙。其父朱文钧是著名金石学家，曾任故宫博物院专门委员，负责鉴定院藏古代书画碑帖等文物。朱家溍的这一辈子几乎都是在故宫里度过的。12岁，他随父亲第一次参观刚刚开放的故宫，那时，宫里还保持着溥仪出宫时的原状，寝宫里的桌上有咬过一口的苹果和掀着盖的饼干匣子；墙上挂的月份牌，仍然是屋主人走的那一天。抗战期间，朱家溍在重庆参加故宫博物院工作。日本投降后，他回到北平在故宫任编纂，负责整理、编目、陈列。如今太和殿上的龙椅就是朱家溍从仓库的残料中发现的。

20世纪50年代，故宫库房中有几只贴着法院封条的大木箱，是一件错案的物证。此前法院曾请一书画大家鉴定过，箱子里封着经过鉴定的"假画"。经马衡院长的同意，朱家溍重新验看了封存，竟找出两幅宋画。他认为，这两幅画不仅笔墨色彩古雅，更重要的是画作所现出的气息神韵，是造假者造不出来的。这两幅即是宋徽宗的《听琴图》和马麟的《层叠冰绡图》。朱家溍的慧识，使国宝重发光彩。

朱家溍才艺出众，情趣多样而高雅。其于古代书法名画和工艺美术品以及古建筑、园林、明清历史、戏曲皆有不凡造诣。朱家溍擅小楷，唐碑中欧颜柳诸家，皆为幼学，汉隶也深得古法。朱家溍的画，早年从溥心畬，后多获大师指教。其生于世家，收藏富杂中得以熏染陶冶。因此，而立时已因淹通书画妙擅丹青著称。晚年的朱家溍多临古画，古法备至，几可乱真。

朱家溍于京、昆戏曲钟情八十年，以至登堂入室，造诣非凡。历来票友不敢擅动武生戏，而朱先生则尤擅武生。少时学戏，他的师傅是杨小楼的女婿刘砚芳、红豆馆主溥侗，一起练功的是杨小楼的外孙。13岁，朱家溍首次登台，在《乾元山》中扮哪吒。杨小楼指其对自己的徒弟说："朱家四哥儿的坯子比你几个都强！"朱家溍对杨小楼执弟子礼，毕恭毕敬，终身服膺。

朱家兄弟四人曾于1953年、1976年、1994年先后将父亲遗留的文物全部化私为公，无偿捐赠国家。

朱家溍于20世纪末为三百年正乙祠撰写楹联，一时脍炙人口。

壬寅正乙祠重张，置先生楹联于暗，新悬联语精巧，套嵌四出昆曲，为清末文案："八千觞秋月春风尽消磨蝴蝶梦中琵琶弦上，百五副金樽檀板都付与桃花扇底燕子灯前。"其书体娟秀，书家为余四十年前曾报道之全国比赛新秀。然而两副联语比较，其意境胸臆扩狭、京昆韵弦断续、书法文脉近远、人生体味高下一望可知！弃朱公之名联，当事者真有化神奇为

朱家溍为正乙祠题写的的楹联

腐朽之勇气欤？

戏曲的精魂不在舞台，在文脉！2004年，梨园诸公在正乙祠恭祭先生周年。余曰："人们多不知道，这个国家从此失去了什么。"2006年立先生墓前，有文章《一个人的文化遗产》刊于世。

"演悲欢离合当代岂无前代事"……

雨巷的尽头
戴望舒

"撑着油纸伞,独自 / 彷徨在悠长,悠长 / 又寂寥的雨巷, / 我希望逢着 / 一个丁香一样地 / 结着愁怨的姑娘。"

喜欢现代诗歌的人,恐怕没有不知道这首《雨巷》的。

写这首诗的时候,戴望舒(1905—1950)22岁。因为这22岁时写下的诗句,他可以在中国的诗坛上不朽了!

22岁的时候,诗人朦胧中逢着的那个姑娘叫作施绛年,她是施蛰存的妹妹。诗人对她一往情深,可她却若即若离。除了双方性格上的差异,望舒外貌上的欠缺也使绛年感到不悦。

原来,我们的天才诗人幼年得过天花——这就是说,戴望舒实际上是个麻子。

面上的瘢痕决不妨碍诗歌的绚丽，却妨碍绚丽的爱情，这恐怕是诗人45岁人生中失败的初恋以及两次殉情自戕、两次婚姻破裂的深层原因，也是诗人抑郁绵绵的心理动因。因此戴望舒的诗歌，很可以当作一部隐秘灵魂的自叙来解读。

1949年6月，戴望舒在北平出席了中华文学艺术工作代表大会。新中国成立后，他在新闻总署从事编译工作。不久在北京病逝，时年45岁。在万安公墓的一个角落里，便是"雨

戴望舒与第二任妻子及孩子们的合影，中间为大女儿戴咏素

雨巷的"尽头"——
戴望舒之墓

巷"的尽头。

　　小时候，笔者爱去院图书馆看书，在里面常见到一位端庄美丽的阿姨——戴咏素，戴望舒之女，表演系学生。

　　原来"悠长的雨巷"离笔者很近……

"清醒于混沌之中"
曹禺

他就这样，睡在万安公墓的一个角落里。除了巴金的题字，碑上没有一句碑文。

曹禺（1910—1996），中国新文学史、戏剧史上的巨星！把他的剧作放到中国百年戏剧、百年文学的进程中，你可以毫不怀疑其经典价值和不二地位。没有他的戏剧，我们的精神生活中注定会少些什么。

在中国，有谁不知道《雷雨》呢？但是你知道这是他22岁时的处女作吗！紧接着，他在24岁写下《日出》，26岁写下《原野》，28岁写下《蜕变》，30岁写下《北京人》，31岁

曹禺之墓

根据巴金的小说改编了《家》。

新中国成立以后,他担任了中国戏剧界所有最高级的职务,人们给予了他所有可能的最多的赞誉,他的《雷雨》和《日出》成为中国现代话剧的代表登上了世界舞台。但是,他的创作才华却似乎从此停滞了。

作为后辈,笔者无由对大师的那段历史作出臧否。还是征引大师们的话吧——

"希望你丢开那些杂事,多写几个戏,甚至一两本小说

（因为你说你想写一本小说）。我记得屠格涅夫患病垂危，在病榻上写信给托尔斯泰，求他不要丢开文学创作，希望他继续写小说。我不是屠格涅夫，你也不是托尔斯泰，我又不曾躺在病床上。但是我要劝你多写，写你自己多年想写的东西。你比我有才华，你是一个好的艺术家，我却不是。你得少开会，少写表态文章，多给后人留一点东西，把你心灵中的宝贝全交出来，贡献给我们社会主义祖国。"这是巴金1979年写给他的信，收在《随想录》第六章之中。

"曹公曹公！……别去理那些琐碎人情、小敲小打吧！在你，应该：'全或无'；应该：'良工不示人以朴'。像伯纳·萧，像伏尔泰那样，到老还那么精确，那么不饶点滴，不饶自己。

"你是我的极尊敬的前辈，所以我对你要严！我不喜欢你解放后的戏。一个也不喜欢！你心不在戏里，你失去伟大的灵通宝玉，你为势位所误！从一个海洋萎缩为一条小溪流，你泥溷在不情愿的艺术创作中，像晚上喝了浓茶清醒于混沌之中。命题不巩固，不缜密，演绎、分析得也不透彻。过去数不尽的精妙的休止符、节拍、冷热、快慢的安排，那一箩一筐的隽语都消失了。

"谁也说不好。总是'高！''好！'这些称颂虽迷惑不了你，但混乱了你，作践了你。写到这里，不禁想起莎翁《马克白》中的一句话：'醒来啊马克白，把沉睡赶走！'"

"你知道，我爱祖国，所以爱你。你是我那一时代现实极了的高山，我不对你说老实话，就不配你给予我的友谊。"

这是画家黄永玉写给曹禺的信。曹禺曾把这封信念给另一位大剧作家阿瑟·米勒。阿瑟·米勒的文章写道："曹禺念着信的时候，神情激动。信是用行书写的，字迹凝重。在英若诚为我翻译时，他妻子、女儿、英格和我在一旁听着。当念完他那亲切的称呼，接着念那段江郎才尽的哀歌时，我想，这只不过是在开玩笑，在说中国式的机智的俏皮话。虽然严厉，但最后会笔锋一转，那严厉的口气也就会缓和下来。但这封信却一狠到底。我真不明白当曹禺恭恭敬敬地（如果不是柔情一片的话）把这封信裱在专册里，现在又把它念给我听时，他是怎么想的。"

是的，我也想知道，他是怎么想的。他知道在不为本心而写作的时候，狄俄尼索斯就根本离他而去吗？

生命之诗
穆旦

小时候,笔者的书架上有一本厚厚的《普希金抒情诗集》,是上海平明书局 1955 年 5 月的一版一印,那正是笔者父母新婚的时候。按当时的标准,这本书极尽精美,平明版就印了一万五千册。第二年新文艺出版社几次再版,算出来的就有六万两千册,可见一时之盛。

这部诗集的翻译者是查良铮。翻译这部书的时候他才 30 岁出头。不过在 20 世纪 40 年代,他已出版了三部诗集,是文学史上著名的"九叶诗派"的代表性诗人。那时他的署名是"穆旦"。

穆旦译《普希金抒情诗集》

　　这个笔名是把他的"查"姓上下拆开、谐音。查家的另一位闻人是金庸——查良镛，祖宅在笔者祖籍海宁的袁花镇。海宁是地灵人杰之地，乡贤里，周一良是穆旦的大舅子，金庸是穆旦的族弟。徐志摩与金庸的谱系更近些，金庸的母亲跟徐志摩的父亲是堂兄妹,还跟钱学森、琼瑶远远近近地牵着。

穆旦(1918—1977)是17岁考上清华大学的。那年正赶上抗战,后来成为西南联大学生的查良铮们千里迢迢步行到昆明。同行的国立长沙临时大学经济系学生蔡孝敏回忆:"十一级查良铮兄,于参加旅行团之前,购买英文小词典一册,步行途中,边走边读,背熟后陆续撕去,抵达昆明,字典全部撕光。"在三千多里步行的途中,穆旦记住的远不止一本英汉词典。对一个对现实有深切关怀的诗人来说,近距离接触底层人民无疑是一次深刻的人生体验。为此,他写下组诗《三千里步行》:"我们走在热爱的祖先走过的道路上……我们不能抗拒/那曾在无数代祖先胸中燃烧着的希望。"

24岁的穆旦应征入援缅远征军,在杜聿明身边做随军翻译。随后在青年军207师任师长翻译。他亲历了与日军的血战、随后的缅北大撤退以及翻越野人山,经历了近五个月的艰苦卓绝的岁月。回到西南联大后,他很少向外人提及这段经历,但对自己的恩师吴宓详述了从军的见闻经历,吴宓在日记中写下了"惊心动魄,可泣可歌"的评价。

1945 年，他创作了中国现代主义诗歌史上著名的诗篇《森林之魅——祭胡康河上的白骨》，这首诗不仅是对死难将士的礼赞，更是对那段艰苦卓绝的抗战岁月的真实记忆。经历过敌人子弹、炮火的洗礼，面对过无数战友的挣扎和死亡，这是一首锥心刺骨的生命之祭、战争之诗。多少年后，穆旦的子

穆旦之墓

女也是在读到父亲的《森林之魅》后,才明白父亲经历了什么,感叹"年龄大了,我才读懂了父亲的一些诗,年轻的时候真看不懂"。

穆旦是1952年从美国回到新中国的。此后,他潜心于诗歌翻译中。人们最早读到的普希金、雪莱、拜伦的作品,多是他的译作。也是他译笔下的普希金激励了笔者最初的诗兴。

他的墓地在万安公墓进门后的角落里。大概后人飘零,很少见到有人凭吊。所以每次来万安"采气",笔者都要来看望这位一样在西南从军的诗人乡贤。

善美

未来的光明的时代,
终究是属于我们的

"中国第一要他多"
韦素园

鲁迅先生写过《韦素园墓记》,时于 1934 年 4 月,收于《且介亭文集》中。

如果没有鲁迅写的关于他的上万字的文章,人们几乎会忘记这个 30 岁早殁的文学青年——韦素园(1902—1932)。

在 20 世纪 30 年代的中国文学社团里,"创造社""未名社""新月社"等是一道十分亮丽的景观。未名社因为鲁迅的发起和领导而引人注意。韦素园便是未名社的骨干成员,并因而深得鲁迅信赖。

《鲁迅全集》里,收录了大先生给他的二十四封信函。信中，鲁迅对一个年轻人推心置腹：有对现状的批评，文化工作的介绍，异地生活情景，还对传说《伤逝》是写自身作了辩解，甚至还有与许广平的情感经历。

鲁迅何以对他如此信赖？在《忆韦素园君》中，大先生写道："素园却并非天才，也非豪杰，当然更不是高楼的尖顶，或名园的美花，然而他是楼下的一块石材，园中的一撮泥土，在中国第一要他多。他不入于观赏者的眼中，只有建筑者和栽植者，决不会将他置之度外。"

20世纪20年代，未名社成员聚会时拍摄的合影，右二为韦素园

素园的俄文是在北京俄文法政专门学校读的，不过他也是最早的"北大蹭课人"——在北京大学蹭课时认识的鲁迅。那是在一间破屋里，"窗前的几排破旧外国书，在证明他穷着也还是钉住着文学"。他一生勤于俄国文学翻译，同时还创作了不少散文、诗歌作品。之后，未名社的主要日常事务皆是由他来打理。鲁迅说"他在默默中支持了未名社"，"他太认真；虽然似乎沉静，然而他激烈"。因与他同名异姓的北平女子师范大学校长带兵在学校"演过全武行"，韦素园"激烈"地在致鲁迅的信上称，"有好一晌竟憎恶'素园'两字而不用，改称为'漱园'"。

听说共产党员赵赤坪被捕后，韦素园写过一首题为《怀念我的亲友》的诗："敌人的'黑铁'的高压，/终敌不过我们'赤血'的奋起，/朋友，等着吧，/未来的光明的时代，/终究是属于我们的。"一个月后，诗人病故。

"在中国第一要他多"——多年之后，那种"沉静"而又"激烈"就这样化为"石材"和"泥土"，睡在这方"素园"里。

奇妙的墓碑

徐献瑜　韩德常

是这座奇妙的墓碑吸引了我的视线——徐献瑜、韩德常——他们是谁？这墓碑上的公式和旋律又是什么？

笔者轻轻地哼着那段旋律："摇啊摇，摇啊摇，我的宝宝要睡觉。摇啊摇，摇啊摇，我的宝宝睡着了。"这么熟悉的旋律，该是儿时从母亲的吟唱中就印下了。它的作者就是韩德常老师。

韩德常（1915—1990）教授出身于清末民初"天津八大家"之首的韩家，说起来，清华大学原校长梅贻琦、化学家汪德昭、国军上将卫立煌都是韩家亲友近眷。韩教授从 1954 年

徐獻瑜、韓德常之墓

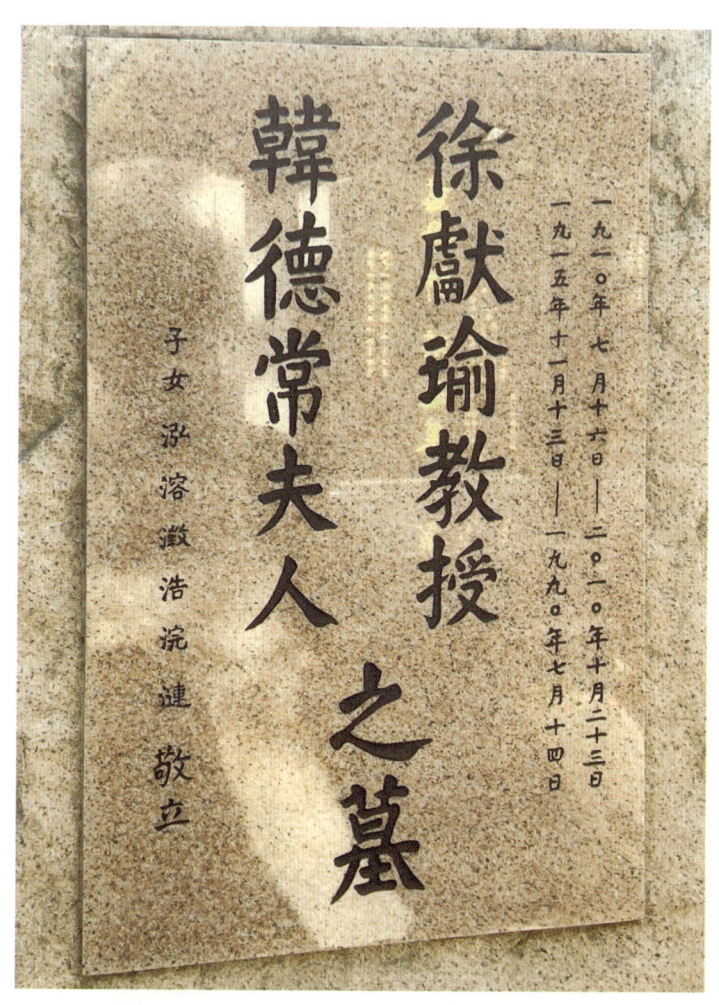

起在北京师范大学任教二十余年，创作了近百首幼儿歌曲和乐曲。作为我国幼儿音乐教育的开山一代，她留给孩子们的歌声比她的名声久远。"丁丁说他是小画家，彩色铅笔一大把。他和别人把口夸呀，什么东西都会画。画只螃蟹四条腿，画只鸭子小尖嘴，画只小兔圆耳朵呀，画匹大马没尾巴呀，咦，哈哈哈哈哈。"（许浪词）韩老师的歌曲不仅是叫孩子们唱的，而且紧密结合教育和幼儿智力开发。

韩教授是徐献瑜教授的夫人。徐教授年至百岁，依然健朗。

徐献瑜（1910—2010）是中国计算数学的开山鼻祖。1955年，北京大学成立了中国第一个计算数学教研室，徐老任主任。1956年，徐献瑜在周恩来、华罗庚的领导下，参加了制定"我国科学发展十二年规划"中"计算技术建立"的规划工作。在1957年筹备组建的中国科学院计算所里，徐献瑜任计算数学室主任，同时他一直担任着北京大学数学系计算数学教研室主任的职务。后来为计算机应用技术作出重大贡献的王选先生在北京大学上学的时候，就是由徐先生上的微分方程

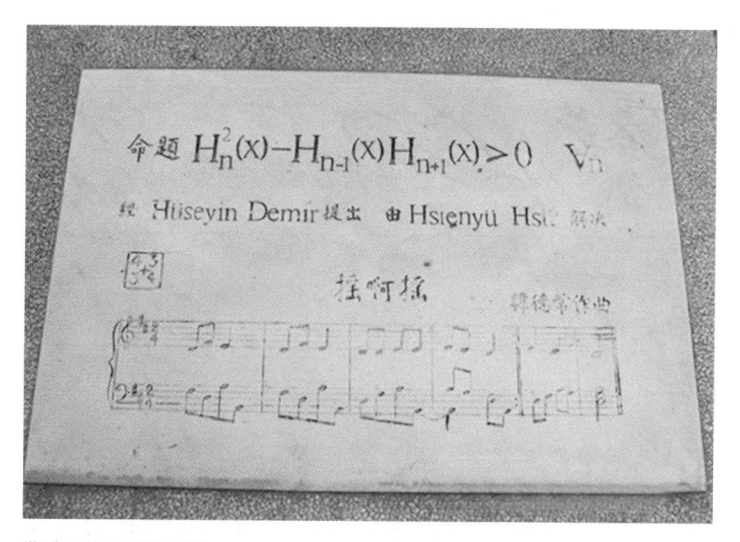

墓碑上的公式和曲谱

和程序设计课——大师原来的专业领域是微积分。王选院士曾回忆，1960年和徐先生一起到738厂搞技术革新时，和一百多人住在一起。厂领导感慨："北大年过半百的教授也和大家一起睡在地板上。"

我们是唱着韩老师的歌长大的，又用徐老师在中国开山的计算机写下如许文字。墓碑上，是徐老师28岁在美国读博时证明的数学公式和韩老师作曲的《摇啊摇》。

坎坷"大百科"
姜椿芳

1751年在法国出版的人类第一部现代类型的百科全书是由狄德罗主编的。他邀集了孟德斯鸠、伏尔泰、卢梭等杰出的思想家参加编纂，这些学者自称为"百科全书派"。他们用新的观点另写新的条目，解释科学和历史事实，这些新的观点动摇了封建主义的思想基础，为18世纪末法国资产阶级大革命作了思想准备。

在它之后二百四十二年（1993年），《中国大百科全书》出版。这部百科全书共74卷，共收77859个条目，计12568万字，参加编撰的20670人中，囊括了当时中国各学科的一流学者。它的组织者即姜椿芳（1912—1987）。

姜椿芳之墓

姜椿芳和狄德罗都生于他们各自世纪的第二个十年，卒于其80年代。两人受教育的年限都不算长，都是十七八岁就离开学校，靠博览群书、勤于思考而成为淹贯古今的远见卓识之士。他们的早期活动都以译书著名，后来主编百科全书也与翻译有关。他们都是戏剧家，都写过戏剧论著。而且，他们推动的百科全书事业都同牢狱有关。

姜椿芳20岁即任中国共产党共青团哈尔滨市委宣传部部长，20世纪30年代在上海出生入死，从事地下工作，新中国成立后，长期任中共中央马恩列斯著作编译局副局长。"文化大革命"浩劫，姜椿芳仍难逃囹圄之难。在秦城监狱的七年岁月中，姜椿芳唯恐丧失话语能力，他数数字，从一数到万，又数外文字母，数子丑寅卯……同时，他也一直在思考着更重要的问题：中国为什么会发生"文化大革命"？从那时起，编辑一部中国大百科全书的计划就萦绕于胸。

1976年9月9日黄昏，步出囹圄后的姜椿芳来到上海友人处小住。不出一月，传来"四人帮"被粉碎的喜讯，姜椿芳加紧了他编纂大百科全书的准备工作。1978年，他在中国社

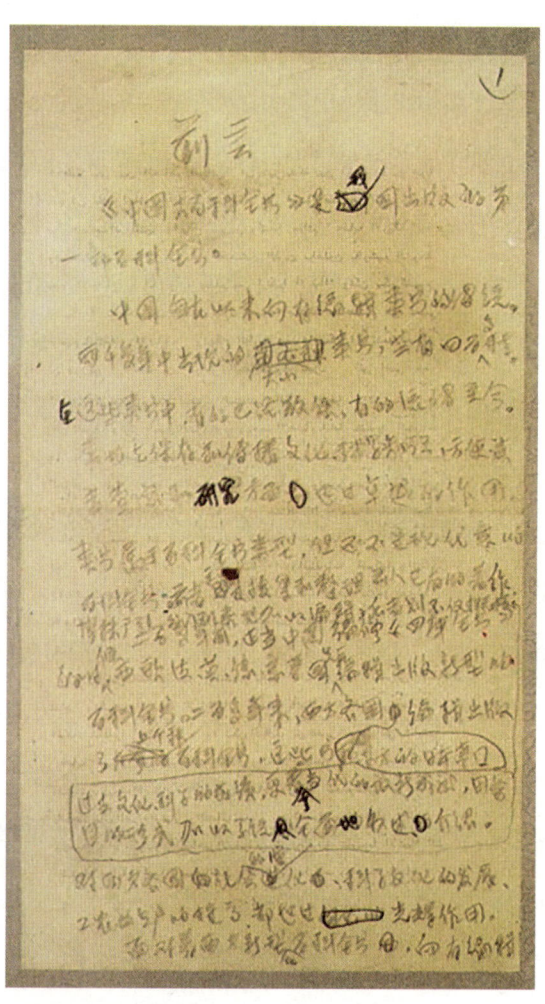

姜椿芳起草的《中国大百科全书》前言初稿

会科学院规划办公室编印的《情况和建议》上，发表了洋洋近万言的《关于编辑出版〈中国大百科全书〉的建议》。1982年，中共中央批准了编纂《中国大百科全书》的动议，国务院总理亲发聘书，任命姜椿芳为《中国大百科全书》总编辑。《中国大百科全书》的分卷在姜先生生前开始出版，终卷已是其身后。每个参与其事者都可证明，姜椿芳无愧"中国大百科全书之父"的称谓。每一学科卷的策划，确定主编、副主编、编委会人选，编写过程中的各种会议，他都亲自参加。各卷所有的重要稿件，他都用那双患有严重青光眼的眼睛，在放大镜下逐字逐句审阅。

1986年2月，胡乔木向中央建议姜椿芳改任出版社顾问，5月，姜椿芳卸任，此后，某些卷进行了调整。去世前一个多月，姜椿芳对给他看病的大夫说："我不发怒，不生气，但这个'不生气'，实际上在'生气'，只是把它压下去了。"

1987年12月17日，他因癌症去世。

从人力车夫到国之大计
顿立夫

顿立夫（1908—1988），祖籍山东，自称燕人，因出身苦贫流寓所致。尝在某王府执役。

20世纪20年代，著名书法篆刻家王福庵先生应邀来京领导官印篆制，雇请顿立夫拉人力车，兼供杂役。福庵先生上下班外，即居家治艺，立夫恭侍其间，洒扫之余，见废纸筒中福庵印稿，悉数珍藏。剪贴作一大册，闲时检读，推敲点画，如是数年，福庵不察。

某日，福庵刻一印，不甚符意，拟磨去重镌，立夫在旁作语："老师此作甚佳，或可存之。"福庵惊问："汝亦解治

顿立夫之墓

印？"立夫遂出所集福庵废稿并平日临习之作请益。福庵感其勤奋，遂收归门下。不数年，立夫刻苦治艺，渐次声名鹊起。

国画名家张大千对立夫印艺甚称赏，曾求顿印十数方。1939年作《松荫高士图》为赠，题款云"立夫为予治印十数方，直追元人"，其推许如此。大千去国后，尚函求立夫印作，见荣宝斋《顿立夫治印》初集。据郑逸梅遗稿："鲁迅常用名章，委西泠印社代刻，什九出于顿立夫之手。"

新中国成立前夕，为中华人民共和国国玺的制作，顿立夫应国务院秘书长齐燕铭邀请，与诸京城治印名家共同提出国玺的材料、字体、大小。

先生有"志在温饱""守身为大""廖先锋"等印，可见其性情之一斑。

小人书之泰山北斗
刘继卣

笔者和刘继卣先生的女儿是小学同班同学，记忆里我们只是一年级在过同一个学习小组，所以很有限地去过她家做作业。朦胧中记得她家有一间她父亲的画室，还有她家的小人书特别多。再大一点知道，《武松打虎》《鸡毛信》和《东郭先生》都是她父亲画的，顿时对这位叫刘葵的女生心生羡慕。

20世纪五六十年代，各类视听技术尚未普及，小人书是儿童们最主要的课外读物，而刘继卣（1918—1983）则是这个领域里的泰山北斗。先生故去几十年，回首连环画的今昔，以及刘氏作品在今天"连藏"市场上的地位，先生实当得起这个评价。

刘继卣之墓

刘继卣的绘画是家学，其父刘奎龄是清末国画大家。不过刘家久居天津，在20世纪即对包括郎世宁在内的国内外绘画耳濡目染，因此刘氏画风早年便博采众长。

刘继卣18岁入天津市立美术馆成专业画师，既习山水人物，又学素描、水彩，兼擅动物翎毛。大家小制，融雕龙之力于雕虫，多有大的斩获。新中国成立以后，刘继卣入人民美术出版社任创作员，先后创作了一批享誉画坛的连环画，并使中国连环画创作凸起于世界画坛。20世纪50年代因组画《武松打虎》获国际奖。1963年的《金丝猴》和1979年的《东北虎》两套邮票都被评为"最佳邮票"。

余生也晚，对刘继卣先生的画艺本无由置喙，有一点感触的是他笔下的动物形象如同人物一样具有鲜明性格。《东郭先生》中的狼，《鸡毛信》里的羊，《武松打虎》的那只虎，不唯栩栩如生，仔细揣度，连其性格、情感精神，都是跃然而出的。比如那条狼，活脱一副四条腿的反目成仇的歹人嘴脸。俗语曰：画人容易画鬼难。盖无人得见。画动物之情感精神，怕也是一个需要有超级观察感悟和把握能力的事。

才子故事
陈方千

如今 60 岁以上的人，没有没看过电影《小铃铛》的。这部 1964 年摄制的儿童片，在故事、摄影、特技等各方面，都可称作中国儿童电影的一个巅峰，至今让人难忘。何止《小铃铛》，20 世纪 60 年代最脍炙人口的几部影片——《洪湖赤卫队》《花儿朵朵》《锦上添花》《欢天喜地》，都是陈方千和谢添共同执导的作品。这是中国电影史上一段奇妙的佳话：两个同样才华横溢的导演，联手给中国观众留下了历久不衰的欢乐。

陈方千（1920—1985）是电影界公认的才子。他早年赴日留学，后做过电台编辑，又任剧社演员，再入中电三厂步入影坛。他天资聪颖，曾和雷振邦共同创作歌剧《拓荒者》，又因担任《小铃铛》的导演和编剧而获奖，举凡吹拉弹唱、

陈方千之墓

琴棋书画，样样在行。除了喜剧片、故事片，他还参与执导了多部戏曲影片。

陈方千之所以没有被认作第一流的大导演，或许因为他的执导大多是与人合作的，包括80年代那部经典反特片《黑三角》。又或许正因为他的艺术通才和音乐想象力，给电影这样一门综合性艺术增加了多彩的亮色，也使《黑三角》《洪湖赤卫队》《花儿朵朵》留下了那些传唱至今的优美旋律。一部作品享有了超越时空的艺术生命，夫复何哉！

才子们总是留下很多逸事的。陈方千还有一段逸事，是不经意间为中国相声经典作出了贡献：

侯宝林和谢添是密友。50年代侯大师正为新相声的创作而热心收集材料时，谢添给他讲了一个段子，说的是陈方千骑一辆破自行车和警察"斗法"的笑话。其中"除了铃不响哪儿都响，没车灯买一个纸灯笼"。"下来！下来！灯！灯！着了！""废话！不着还算是灯吗？""再低头一看，不但纸灯笼着了，连衣服袖子都着了。"这都是青年陈方千的真实事迹。再往后，我们就听到了那段传世相声精品——《夜行记》。

未可瞑目
李凤楼

在万安公墓的一个角落里忽然遇到他——李凤楼（1911—1988），先生的名字几乎被人忘记了。

论辈分，国家足球队前主教练朱广沪得管李凤楼叫"师爷"。朱广沪是国足的第二十三任主教练，而李凤楼是第一任！

1952年，新中国第一支国家足球队组建，李凤楼为第一任教练。抄下那支队伍的名单或许还有资料价值：领队：黄中，教练：李凤楼，守门员：张邦伦，后卫：何家统、王礼斌、王政文、从安庆、郑德耀，前卫：陈成达、李逢春、张杰，前锋：郭鸿宾、金龙湖、李朝贵、方纫秋、孙福成。

李凤楼之墓

  1955年中国足球协会成立，李凤楼任副主席，直至1979年的第三届中国足协，李凤楼任主席。李凤楼先后担任过足球方面的最高领导职务。与后面一些任职官员不同的是，他毫无疑问是这方面的专家，除了足坛名宿，1954年他便与他的学生鄂伯尔合著了新中国第一部裁判著作《足球竞赛裁判法》。

中国足球的起步并不算晚。1904年，欧洲几个国家发起成立国际足球联合会。而1901年时，上海圣约翰大学已经有了足球队。1908年，南洋足球会成立。旧中国共举行了七届全国运动会，足球被列为重要比赛项目。

李凤楼是1934年从北京辅仁大学毕业的，之后在辅仁中学、辅仁大学任教。1944年起任辅仁大学体育部副主任、主任、副教授、教授。他自幼酷爱足球，青年时代曾参加北方著名的"北华""北宁""紫星"等足球队，并以高超球技、良好球风在当时的足坛享有盛誉。当时，南方有球王李惠堂，北方有球王李凤楼，被冠以"南李""北李"的美称。据说有一次在辅大足球场与意大利水兵队比赛，下半场近结束时，踢中锋的李凤楼接到右边传中，正准备起脚时，被对方后卫"关门"，此时他突然用脚后跟一磕，把球弹击起来，在观众的喝彩声中，球飞入球门的右上角。这个球射得神奇，使对方目瞪口呆，激起全场观众抛帽拍掌，手舞足蹈。

遗憾的是，在重大比赛中，中国足球的胜绩并不多见。1951年，李先生率"八一队"第一次走出国门，参加捷克斯洛伐克建军节体育庆祝大会，结果以1∶9负于保加利亚人民军队，以1∶17负于捷克斯洛伐克人民军队。几十年来，自李凤楼上任，中国足球的成绩徘徊不前。且看历届亚洲杯成绩：1956—1972年，未参加。1976年，第三名。1980年，小组未出线。1984年，第二名。1988年，第四名。1992年，第三名。1996年，止步1/4决赛。2000年，第四名。2004年，第二名。

世界杯？还是不提它了！

时至今日，先生当时徘徊不前之成绩，已经变得望尘莫及。

安知先生可能瞑目否？

国礼之乐

李桐树

有一些人们耳熟能详的乐曲从来都没有署名,比如《运动员进行曲》《阅兵曲》《欢迎进行曲》《欢送进行曲》《葬礼进行曲》,等等。基于笔者对音乐史的兴趣,它们的作者一直为我所关注。我知道,作为庄重的国家典礼乐制,这些音乐一般不署名,但一定是有作者的,而且必定与中国人民解放军军乐团有关。

2015年清明为父母扫墓时,在八宝山革命公墓新建的北区,一通墓碑使我久久流连:"李桐树(1924.11—2014.06)一九三七年参军,一九四零年加入中国共产党。著名作曲家,国家礼仪用曲《葬礼进行曲》作者。长期担任解放军军乐团领导工作，为我国军乐事业做出杰出贡献。"笔者当即把这一"发现"增添到新著《老歌的发现》中。

李桐树是河北束鹿人，13岁参加革命。一次，八路军的队伍夜晚来到村子里，第二天家里人就找不着他了。到1945年抗战胜利，他才骑着大马，穿着军装回到家乡，母亲喜极而泣。李桐树在根据地抗战学院学习毕业后，分配到八路军120师"战斗剧社"。1945年到华北联合大学音乐系学习，系主任是为《东方红》编曲的李焕之和写《团结就是力量》的卢肃。他的大提琴老师是李元庆。1958年，在上海军乐学校任教的他来到中央音乐学院作曲系进修，随后一直在军乐团工作。

李桐树之墓

1955年至1969年，他在"五一""十一"大型庆祝活动中分别担任联合军乐团副总指挥、总指挥。中华人民共和国成立五十周年游行，他受聘为总指挥部专家。

20世纪60年代，周总理出访非洲，答应帮助他们的文化建设。李桐树受命为原索马里共和国改编国歌。原曲后被政府确定为《召唤曲》，作为召开群众大会时播放的专用乐曲。

既是"老八路"，又是中央音乐学院作曲系毕业，李桐树长期负责军乐团业务领导工作。70年代初，为配合国家礼宾与文体活动恢复活跃，他组织和领导创作人员创编了一批典礼仪式进行曲，从此结束了新中国成立以来一直借用中外其他乐曲代替的局面。这些乐曲一直沿用至今。

音乐家的赓续多枝繁叶茂。多年前吕嘉在中央音乐学院附中开始学指挥的时候，要求辅学一样乐器，他选了大提琴，于是回到军乐团院里和子弟刘惠萍一起练琴。彼时来指点的是他父亲吕蜀中和军乐团的另一位老提琴手，李桐树。

刘惠萍后来是北京交响乐团一级演奏员。吕嘉任国家大剧院艺术总监、管弦乐队首席指挥。

革命家庭

田方　于蓝

如果问演员田方是谁，恐怕没有几个人知道。但是电影《英雄儿女》中的王文清政委一定是你历历在目的。在扮演这个角色的时候，他是中国电影事业的重要领导者。他的夫人于蓝在1963年文化部公布的中国"二十二大电影明星"之列。她以《烈火中永生》的江姐、《革命家庭》中的母亲深深打动观众，并因此在1961年莫斯科国际电影节获最佳女主角。周恩来夸奖："于蓝演了一个好妈妈。"

本来就是一个革命家庭。

田方（1911—1974）1946年担任东北电影制片厂秘书长，

1949年担任北京电影制片厂的首任厂长。1953年，担任电影演员剧团首任团长。于蓝（1921—2020）1938年到延安，次年在中国人民抗日军事政治大学入党。田方入党较于蓝早一年，不过他读过北京辅仁大学，做演员也比于蓝早好几年。

1936年，田方与王人美主演了电影《壮志凌云》，他扮演的农村青年田德厚人物形象鲜活生动，电影上映后，很多姑娘

田方、于蓝早年的合影

都把他当成了心中的白马王子。而那时，正是这部影片让15岁的于蓝记住了相貌英俊的田方。于蓝不会想到的是，两年后，她认识了他，1940年两人在延安结为伉俪后，在舞台上和荧幕上扮演角色无数。

田方大于蓝10岁，在此之前，他有过一段婚姻，是成亲后才第一次见面的。但妻子在生第二胎的时候难产去世了。在延安的舞台上两情相悦时，田方心中忐忑，有些害怕爱人会因此退缩。于蓝却并不介意："不妨跟孩子们说，他们马上就有新妈妈了！"毕生，于蓝对两个儿子视同己出，在百忙之中倾心照拂。

1974年，63岁的田方因癌症去世。据说自知时日无多，嘱心爱的妻子未来改嫁。而于蓝终生事一，她历经坎坷，把晚年献给了中国儿童电影事业。

万安碑林中，田方、于蓝的墓碑洁白无瑕，碑铭除了名字，没有一个字的褒扬。那洁白的墓碑是他们人生的荧幕，映在人心。

1978年夏，他们的小儿子田壮壮在北京电影学院考试，笔试题目是《英雄儿女》电影分析。开考三十分钟后，田壮

田方、于蓝的墓碑
洁白无瑕

壮提前交卷。监考的老师问:"你确定自己写完了?"答:"确定!"他确信自己的影评,因为那不仅仅是荧幕上的英雄角色,更是父母在电影史上熠熠生辉的金色年华。

八卦掌传人
佐藤金兵卫

这是万安公墓里仅见的外国人墓地。

佐藤金兵卫（1926—1999）生于日本福岛，10岁起修行日本古武道，先后接受其祖父传授的"大和流柔术"，中学毕业后在中国东北学医，日本战败后回国入东北大学医学部，1958年获医学博士学位。

老佐在读书期间也没有闲着，一气儿对日本当时的八光流柔术、合气道、武田流合气之术、大东流合气柔术、天神真阳流柔术、荒木新流柔术、柳心介胄流柔术、柳生心眼流兵术、浅山一伝流体术、九鬼神流棒术、神道自然流空手术等都

佐藤金兵卫之墓

有深入研究，又创造出自己的"日本兵法大和道"。1959年，他再师从王树金，学习形意拳、太极拳、八卦掌。1983年起，年逾五旬的佐藤再师从77岁的八卦掌第三代宗师李子鸣，其专心于八卦掌修行，列第四代传人，日本之第一人也。1993年李子鸣去世，佐藤专程从日本飞来吊唁。因太过悲痛，来之前即以酒酹悲，结果竟醉倒在灵堂上。遗言身后葬师傅之畔。

八卦掌"家族墓"

佐藤去世后，葬于师傅墓地南侧。

佐藤系全日本中国拳法联盟主席、日本八卦掌协会会长。著有《三十六把擒拿》，国内已正式出版。

万安公墓有八卦掌"家族墓"。其流传世系：宗师董海川（1797—1882）——梁振蒲（字照亭，1863—1932）立"梁氏八卦掌"——传其子梁宝炎及李子鸣（名镛，原名直，字子鸣，1902—1993）——传国人马传旭、赵大元、王桐、李功成、邸国勇、张全亮、隋云江，传西人 Vincunte Black，日人佐藤金兵卫、佐藤千鹤子等。在万安家族墓地，其宗师董海川、李子鸣等均长眠于此。

攀登者

郭超人

"最先感到分量的是你的呼吸,一只看不见的魔掌压迫着你的胸脯,紧捏着你的喉管,你需要用很大的力量,张开嘴,吸入你需要的空气。你的腿也愈来愈沉重了。严格地说,不仅是腿,而是你的全身。每一步都变得不轻松——并不是你的腿酸疼或者无力,而是你已经没有力量把你这双几乎已经麻木的腿移动。"

——这是记者郭超人(1934—2000)1960年3月25日写于攀登珠峰第一天的日记。四十年以后,当他的女婿、另一个著名记者翻阅到此时震撼不已,这感受,"竟与他四十年后走到生命终点时的体验一模一样"。

　　登山是一项伟大的运动，也几乎注定了是一项寂寞的运动。登山勇士的身边，没有观众，没有喝彩，有的只是家人、亲友的无限萦怀。是郭超人使中国第一代登山勇士征服世界最高峰的壮举成为中国人时代精神的一部分。在登山装备十分落后的六十多年前，他和登山队员一起翻越雪坡冰川，直抵海拔6600米的"珠峰大门"。尽管严寒和严重的高原反应使他的脸肿胀得睁不开眼睛，但他坚守在高山营地，一手扒开眼皮，一手执笔写作，向世界报道着英雄们向顶峰冲刺的壮举。

　　作为后辈同行，郭超人的价值，我们已经从他的大量新闻作品中读到了；他的人格风范却是在他去世以后才知道的。

　　作为一名高级干部，他的自律近于苛刻。家属因病等急事需要用车，他照付车费；老朋友来看望，他自己掏钱请客；地方上或分社的人捎来一些土特产，他要么推辞，要么付钱。在外事活动中，外国政要或同行赠送的贵重礼品，他都如数上交。他以办公室为家，以工作为乐，不知疲倦地长期超负荷忙碌，节假日、周末、晚上，几乎都可以在办公室看到他的身

郭超人之墓

影。他被选为党的十五大代表，自己修改单位起草的推荐材料，不但删去了许多正面评价的语言，还把"具有较深厚的马列主义理论功底""较丰富的领导工作经验"都改成"其有一定的……"，把"有时犯主观、急躁情绪"改为"长期以来未能很好克服的缺点"。

2000年6月13日，在他逝世的前两天，他抱病主持新华社社长办公会议，为他毕生奋斗的"建设更大更强的世界性通讯社"事业，工作到生命的最后一刻！

郭超人的文章喜欢用一个比喻："一滴水可以见出阳光"。他的一生，使我们看到一个新闻工作者毕生奋斗和修为的闪光足迹。这足迹上印证着：文章该怎么写，人该怎么做！

殉职

秦公

秦公（1943—2000）是倒在他的岗位上的。

倒计时可以从 2000 年 5 月 9 日 18 时算起：这一刻，北京市文物公司总经理及翰海艺术品拍卖有限公司总经理秦公到中央电视台拍摄"东方之子"；21 时，回到文物公司会议室开始编写拍卖图录；图录的编写一直进行到 10 日凌晨 2 时，秦公找速效救心丸，他一边服药一边念叨："这东西不能多吃，不是好东西。"凌晨 5 时，此次拍卖的瓷器部分做完，秦公对着镜子说了句"我的脸色怎么那么难看"，人皆未在意。10 日 10 时，编目继续，进行中，一件满嵌宝石的小人儿被秦公一

秦公之墓

把拿起，说："这件不拍。"旁问为何？秦答："日本的！"旁边马未都跟了句："高手！"然后看着秦公，却发现秦公此时眼睛发直，遂骤然离世！

当代收藏圈里的人几乎没有不认识秦公的。他发表过《秦说碑帖》《写意画与文人情怀》《中国石刻人观》等专著论文五十多种，共计百万余字，是国家鉴定委员会委员中鉴定领域最宽泛的一位，碑帖、书画、竹木、牙角等涉猎广泛。他最擅长碑帖鉴定，碑帖俗称"黑老虎"，是文物鉴定中最难的一项。

1994年起，秦公出掌翰海艺术品拍卖公司，自这家国企开槌，曾独辟了五个专场：古代书画、扇面、玉器、鼻烟壶和文房。这五个庄，除古代书画专场，国内有拍卖公司效颦。其他四庄中，扇画居然有 99.3% 的成交率，玉器最富历史叙述性，文房一场出自翰海主脑的夙愿，寓文雅于玩赏中，而最深谋远虑的鼻烟壶从十年前即已经筹划。1995 年，他发现并主持由国家收购了北宋国宝《十咏图》；2000 年，他主持从国际市场上收购了英法联军在圆明园掠走的乾隆"六角套瓶"和十二生肖猴首、牛首、虎首铜像。他是中国艺术品收藏拍卖中的传奇性人物。有收藏家说：秦公是一个大生意人，他既能顺势跟庄，又洞烛先机地坐庄。他一生为国家收回了几十件国宝，当年他以 2094.7 万港元竞得的乾隆"六角套瓶"如今已经是新张的首都博物馆的镇馆之宝。

秦公好广泛，喜交友，在朋友中口碑甚好，他甚至练过摔跤，与一帮老跤友相聚时仍沉醉于忘年之态。他亦是一性情中人，一次住上海某豪华酒店在咖啡厅小坐，服务员趋前："这里要消费的，否则得站着。"秦公哂曰："我消费，来二百个茶鸡蛋。"旁曰："爽！"

"秦公"之名，人多以为江湖雅号。秦公曾告友人，实为母亲所起，意为望其做一磊落之人。观其一生，然也。

舞者

陶金

有些人就是为他从事的那项事业而生的,比如陶金。

陶金(1961—1997),24岁的时候就成为中国第一届"桃李杯"舞蹈大赛的评委。迄今,只要提到中国现代舞,他仍是一位奠基级的人物,是他开创性地把西方的爵士舞、迪斯科、霹雳舞与中国传统的民族舞、民间舞相融合,并从现实生活中汲取素材,创造出了舞姿新颖、节奏明快、歌舞同步、极具青春特色的中国现代城市舞体系。那些我们至今不能忘怀的《跳起来》《闻鸡起舞》《阿拉木汗》《时光隧道》等几十部歌舞剧目,是一个以舞蹈为灵魂的人用血汗创作出来的艺术作品。

陶金的人生舞步只旋转了 36 年，其中的两次腾越，使中国的现代舞达到了前所未有的高度：1989 年，他担任庆祝法国大革命二百周年文艺联欢演出的中国艺术团总编导，组织一百二十人的霹雳、摇滚舞队和来自世界各地的艺术家们一起，在宏伟的巴黎凯旋门前表演，将西方的节奏与东方的神秘熔为一炉，充分展示了中国现代舞的气派和风格。1988 年，他主演的影片《摇滚青年》，使无数中国观众知道了什么是现代舞，什么是真正的青春、活力和激情。由此，霹雳舞、现代舞、街舞在中国青少年中势若燎原。

在生命的最后几年，陶金致力于舞蹈教育和影视舞蹈作品的创作，后日当红的很多影视明星都曾是他的学生。天假以年，还会有多少弟子璀璨在明媚的舞台上？

陶金死于胆管癌，他轻信了西北的一位庸医的"圣水"，耽误了治疗。临终前两天的夜里，病床上的陶金突然清醒过来，他自己从床上坐起来，嘴里嚷嚷着：拿笔纸来。陪护他的亲人不明白他要干什么，连忙将纸笔递给他，只见他神采飞扬地写下了一行字：CCTV，一定成功，还签上了自己的名字。

陶金之墓

紧接着，他下床戴起帽子指挥着亲人搬箱子，搬椅子，俨然是在MTV拍摄现场导戏。少顷，他便陷入了深度昏迷。后来，人们才反应过来，在陶金最后的意识里，惦记的仍然是将拍摄的MTV，意识不清时所写的CCTV，其实是他心中深深牵挂着的MTV。

那是舞者最后的梦境——依然在舞蹈中……

实者慧
邓伟

兄弟，我看你来了——在你离开世间整整十年的这个正午，我献上这只小花篮，阳光明媚，你在安睡。

我从来认为，邓伟是一个很"古"的人。无论是 eccentric（古怪）的"古"，还是 ancient（古老）或者 ancient times（古代）的"古"，尽管他纯熟地运用着最现代的摄影技术，但是在精神上，邓伟有着许多现代人所不具备的传统士大夫的气质。

20岁的他，为了采访素不相识的钱锺书先生，竟然在人家门口儿"呆立"了一个上午，这是现代版的"程门立雪"。为了磨炼意志，他跑到雪山上跋涉，犹如"悬梁刺股"。在欢乐的同学聚会上，只有他会泪如泉涌。而花一个下午的时间完成李可染先生布置的对一棵树的写生；工楷抄录朱光潜先生的整部著作，这类事情都是 eccentric 而且 ancient，甚至因为 eccentric 而显其 ancient 的精神。

清华大学为其撰写的碑铭上，记录着他的摄影足迹，《中国文化名人一百像》《世界名人一百像》等。以一人之力，耗经年之功，倾羞囊之资，涉五洲之路；还有语言之隔，交际之艰，记录之专，表现之实；当我每每惊叹于邓伟为了实现一个目标锲而不舍的坚韧，就总会想起司马迁、徐霞客、马可·波罗或者哥伦布。这些人，最近的离今天也四百多年了。

我是四十年前为了报纸上的美化接触邓伟的。那时，北京电影学院78级还在昌平乡间的朱辛庄，我在类似仓房的大屋子里看摄影系学生的作业。我挑了他的小品发在《中国青年报星期刊》上。后来的《世界名人一百像》我是最早发的。他母亲把他的婚事托付给我，为此曾带他在我治下的婚姻介绍所一页一页地选择美女照片，并陪他见面。后来，在他的婚礼上，我是主婚人。

这段婚姻也与我有关，但他没有走到底。一个执拗、敏感、拥有 eccentric 而且 ancient 情怀的人才有可能成为他那样一个执着的艺术家。贺延光告诉我，在拍李光耀的时候，因为李光耀着正装来不符合他的设计，他当场要求李资政换衣服。而人家换衣服的当儿，他竟没有像纪实摄影师那样，把那瞬间抓拍下来。我说，这就是他。

人类物质生活的极大丰富是否带来人类精神生活的退化？这是一个可以讨论的问题。邓伟至少告诉我们，保有那种亘古传承的人类的坚韧意志和传统美德，有可能创造出什么样的文化奇迹。这是在他的作品之外，邓伟给我们看到的东西。也许正是在这个意义上，邓伟以他那些各色各样的、出类拔萃的人物作为自己的观察对象和创作对象，其中胶片凝聚起的20世纪人类进步的精神谱系有可能也会传诸久远。

正因为在一个充满了冲突、变革的年代，几乎所有的传统都成为叛逆的对象，越是久远的文化越在迅速地湮灭，这个手持相机在拍摄同类的"古人"才更显其独特的价值。

邓伟（1959—2013）的墓碑上镌刻着赵朴初"一九七七

邓伟之墓志铭

年二月农历丁巳除夕"为当时18岁的邓伟题写的短偈："实者慧，捕捉形神一刹那，收罗景象万圆方。堪惊黑白分明里，疑见铜雕立峻岗。"

这小子，没辜负前贤们对他的期望。只是自己活得有点苦。

小马止蹄
李明

"大狗"走得很突然。那个元旦,消息传来的时候几乎无人相信,那么生龙活虎的一个汉子,那么生机勃勃的小马奔腾,就这么戛然而止了?!

"李公讳明,一生高义,世不二出。宽柔与人,刚峻于己,临万难而未折,凭寸心得自知。子陵意气,云长风骨,大狗名世,小马奔腾。斥方遒于影画,竟梦中做梦;与众生做兄弟,是人中之人。娶妻金燕,得女子自在。回缘具足,生又何欢,死又何苦,来去自如,天马行空。"

"大狗"之讳,自读书的广院始,"二狗""三狗"各有其序，尽在影视圈。"大狗"碑铭之文、书、塑均无款署，必是挚友所作。

小马奔腾是在电视台做广告起家，最后在影视业发力的企业。它投拍的几十部影视作品广受好评,《历史的天空》《甜蜜蜜》《我们生活的年代》《我的兄弟叫顺溜》《三国》等大多叫好叫座；它构造的上下游产业链充满活力，这个企业的发展，都在李明的布局和掌控之下。

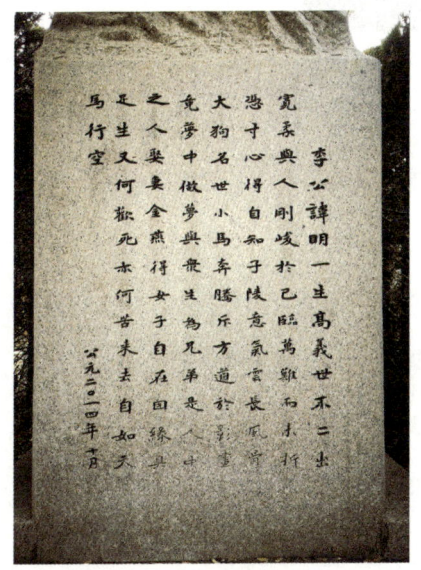

李明之墓志铭

李明之墓

李明（1966—2014）其人生性豪爽，我们对酌，热力奔放亦聪慧其间，便知是个有"磁场"的人。其热忱诚挚，三杯酒间已将其沉浮、需求、期许和盘托出。把盏间你会想交这样的朋友、有这样的合作伙伴，一起做更漂亮的事。当然，觥筹之间，有帮他的，就有利用他的，还有算计他的……

为一件枢机弊案，"大狗"竟被牵连。耿介之遗，何况"大狗"乎。青石碑塑，如犬如拳，"大狗"蹙眉，看身后零落之小马，奈何！

苍生

一笔一画地，
写自己的人生

小脚大义

蒋慕唐

世人皆知丁玲而不识蒋慕唐。这个墓碑是丁玲给蒋慕唐立的，蒋慕唐是她的母亲。

"安福县蒋家，是一个有钱的人家，是一个人丁兴旺的人家。在我的爷爷时代，据说那些爷爷们，这房、那房、远房、近房，究竟有多少房、多少人，连姓蒋的人自己也分不清楚，外人就更无从知道。只知凡是安福县的大房子，一片一片的，都姓蒋。""这些人都是财主，大财主、小财主，家家都做官，这个官、那个官，皇帝封敕的金匾家家挂，节烈夫人的石碑坊处处有。对这家人的传说很多，安福县蒋家是湘西一带远近闻名的大户。"

这是丁玲遗稿《根》的开头。1980年年底,历经风雨的丁玲开始写自己的回忆录,但她只写了大约三千字。

再往前五十年,丁玲还有一部名为《母亲》的长篇小说,原拟分三部编入《良友文学丛书》,每写好一章就寄交编者,在编者收到四章约八万字时,作者被捕。在白色恐怖的环境下,编者根据鲁迅的提议,在短时间内把已收到的约八万字出版,并且冒着风险,按照鲁迅提供的地址和鲁迅建议的方式,把稿费寄给了丁玲的母亲。《鲁迅全集》书信中有一篇"致赵家璧":

"顷查得丁玲的母亲的通信地址,是:'湖南常德、忠靖庙街六号、蒋慕唐老太太,'如来信地址,与此无异,那就不是别人假冒的。但又闻她的周围,穷本家甚多,款项一到,顷刻即被分尽,所以最好是先寄一百来元,待回信到后,再行续寄为妥。"

蒋慕唐(1878—1953),原名余曼贞,是清末当地余太守夫人的老闺女。丁玲本姓蒋,4岁时,其父蒋保黔病逝,余曼贞毅然改蒋姓,名胜眉,字慕唐。"胜眉"者,胜于须眉也;"慕唐"者,羡慕唐朝也。可见此女子之突兀!

1910年,年逾30岁的蒋慕唐报考常德女子师范学校,班

蒋慕唐之墓

上最小的学生是16岁的向警予，两人成为忘年之交。当年在向警予的鼓励下，小脚蒋慕唐坚持上体育课的事一时传为佳话。1911年，蒋慕唐又与向警予一起报考湖南省立第一女子师范学堂，让丁玲到该附小念书。1913年，蒋慕唐再到桃源县立小学任教。在悼念宋教仁的大会上，9岁的丁玲宣读母亲撰写的演讲稿，人皆动容。

丁玲的研究者多认为，其性格中追求光明上进，自强自立的闪光点，得自蒋老太太的熏染与教诲。母亲是她的精神依托，更是她生活上的主要依靠。丁玲不到20岁开始闯上海，去北平，东拼西杀，经济上依靠的都是母亲微薄的积蓄。她和胡也频一起住在香山脚下的时候，两人的生活还要靠母亲每月寄来的二十元钱维持。胡也频遇难，她被囚南京以后，子女一直由母亲苦苦抚养。

1953年，丁玲人生中大红大紫的时候，母亲突然去世。这座墓碑由丁玲的好友、后任中央美院院长的江丰设计，后任中国美术馆馆长的刘开渠塑像。万安中有若干极具艺术价值的碑铭，此其一也。

人伦之美

姑姑鹅俾

有时候，对人生最完整的描述就是碑文。在这里，我们看到了一个普通而又不普通的"姑姑"。这也是一个人的一生！我想，与其在这里感叹传统文化的浸润，不若缅怀亲情、人伦的光辉——

我们姊弟四人，能够成长到今天，不能不感谢长眠在墓下的这位姑姑的抚养。

我们四人都是从小就失掉了母亲，父亲后来也出了家。姑姑是亲手喂奶喂饭把我们养大的，有病，就整夜不睡地看护着。大一些了，就督促着去念书，一直到成亲。她把我们爸爸和妈妈的责任整个承担起来。为了抚育我们和我们的子女，她付出了她毕生的精力。

一位老姑娘，毫无利己的动机，把弟弟的子女一个个地培植起来，这种崇高的精神，是多么值得尊敬啊！

姑姑名鹤伴，是父亲的胞姊，在世时没有结婚，没有嗜好，也没有宗教信仰，是一位性情刚强、乐于助人的人。一九五七年一月十一日在北京逝世，生于一八八六年三月十日，寿七十一岁。

永远在这里安息吧！

侄　邓锐贞　锐明　锐龄　锐新　谨述

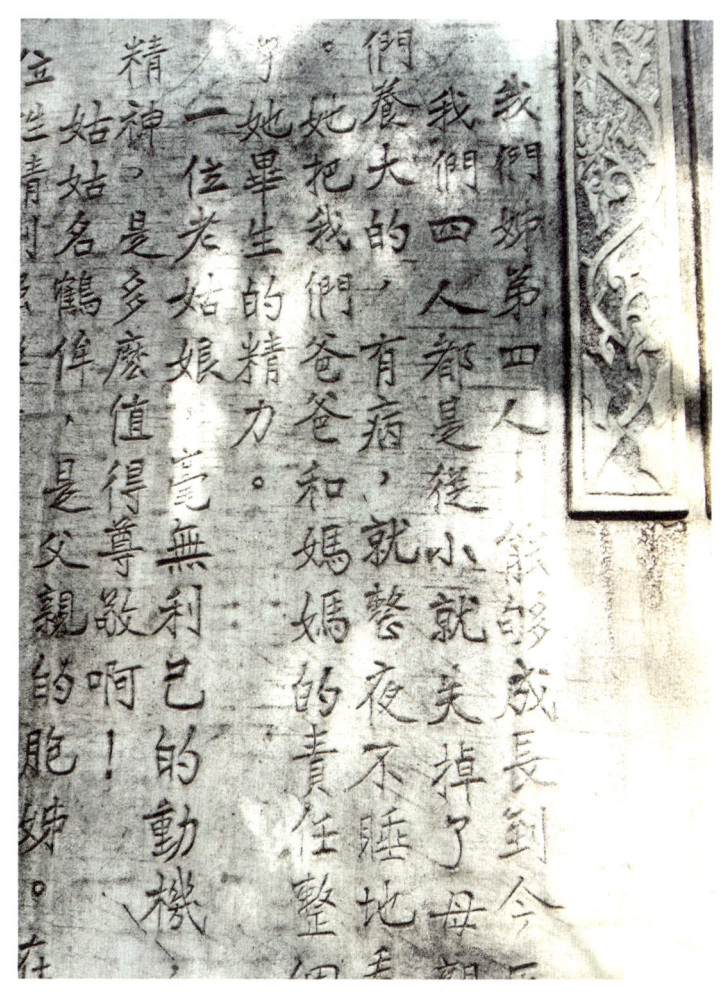

姑姑的碑文

师道力量
尹荃

尹荃（1897—1970）老师，平民也。据碑记，其为湖北恩施人，1914年毕业于北京女子师范学校，后在母校附小国立北京师范大学第一附属小学（即今北京第二实验小学）任教，1955年退休。

尹老师退休十五年后病故，再十九年，有学生三十六人具名为其治衣冠冢于此。其碑言："四十年来，循循善诱，陶铸群伦，悉心教职，始终如一……无辜蒙难，备受凌辱。老师一生，坦荡清白，了无点污，待人诚恳，处世方正，默默献身教育事业，终生热爱教师生涯，其情操其志趣足堪今人楷范。"

尹荃衣冠冢

岁月人海，尹老师之师道楷范，我等是无由领教了。算起来，1989年为老师立碑的弟子们当已是耄耋之人。是什么力量，使学生们对半个世纪前的老师念念不忘，并出立碑之举？为师者又能有几人会使弟子以如此善举表达永志之思？

在为老师立碑之后，学生尹以璋、尹以琦、屠蒂生将自己的坟茔永远地置于先生墓前。

呜呼，高山仰止，师恩浩荡，先生膝旁，弟子俯首。

给郭忆雯小朋友

妈妈睡了。

在那个清明，

你用最工整的字迹，

给妈妈书写碑文。

从那一天起，

"妈妈"这个字眼，

将是一道神圣的符咒，

佑庇那个年幼的孩子，

驶进人生的莫测航程。

浪花打来的时候,
谁会把你抱进怀里?
孩子,别怕!
妈妈要你勇敢,
噙住苦涩,别让它迷了眼睛。

风雨颠簸的时候,
谁会挽住你的手心?
孩子,别慌!
妈妈要你坚定,
要像大人一样,站住脚跟。

亲人是船,
妈妈就是锚。
岁月是风,

爱就是帆。

你是茫茫人海中的那只舢板，

慈爱的妈妈是你永远的港湾。

你是荫荫绿地中的一株小草，

柔弱的根扎在岁月里面。

从此，每一个清明，

我会寻找这里，

看你把成长的花瓣，

撒给流光的黎明。

孩子：从那个清明，

你已经长大了。

妈妈给了你不一样的生命，

我们愿意看到你

一笔一画地

写

自己的人生！

人生价值
莽英伦

莽英伦（1927—2002）先生并非名人，据他的碑文记载，莽先生生前"主持施工了我国第一个无外脚手架百米烟囱，第一个万吨软地质浮筏式基础，第一个采用交叉作业法，为我国积累了宝贵的建筑技术文献"。

看来莽英伦先生是一位工程技术专家。"无外脚手架百米烟囱"，使用的肯定是滑模法，这种方法适用于比如烟囱这样的施工面规则的项目，其"脚手架"置于建筑内面，可随建筑一同升高，是建筑业自20世纪80年代开始实施的一项技术。

笔者对墓主人的关注还与他的姓氏有关。"莽"是我们在生活中很少遇到的姓，多在北方出现。蒙古族有莽那特氏，应该是莽姓的直接血缘，这种由"钮祜禄"氏转姓"钮"，"那拉"氏转姓"那"，是近代姓氏转换中不奇怪的事。

再往前，血缘上，蒙古族应与辽代契丹族有密切关系。云南人民出版社出版的《布朗族社会历史调查（三）》中有一篇关于施甸县布朗族社会历史的调查文章，它的附件《由旺蒋姓宗支叙》中有记述："吾祖籍镇南京，姓耶律氏，名阿保机，先宋登帝于近，位传十二世至阿育祖。……传于太子，被金人所剋。后商改称为莽，……数代亦发数枝，分居鹤庆、邑林、腾越。后至大明洪武十五年，……陆续落业于平安、平夏、猛板，仍袭舍职数代。惟木瓜榔乃九册之土舍旧址，受恩于洪武十五年，钦授永直郎，延至正统，封受武略将军之职，改莽姓为蒋。由始至今，年远代深，阐明裕后矣。"这段记录说明云南边疆的布朗族与辽、宋时期契丹人有密切关系，同时说明曾有一支契丹耶律氏族人后改姓莽，明代在云南定居。之后，这支莽氏族人又改成了蒋姓。不过这支曾经姓莽的契丹人是否就是后来蒙古族莽那特氏的先人，笔者还无由证明。

生命的价值是什么？那天和朋友谈起这个严肃的话题。朋友认定，是种群的延续，是个体对生命物质存在的贡献。然后笔者补充，是对人类文明演进和精神丰富的贡献。

一生中做过一件有益于社会进步的事情。这就是莽先生人生的价值所在。

后记 十九日,雪后的万安

清雪,在脚下发出"吱吱嘎嘎"的响声。墓碑与墓座披一身白雪,显得比平时更加肃穆。

十九日,一弱冠学子将西去留学,行前,随我去了万安。

万安离寓不远,多年来,闲时常盘桓于彼,曰"采气"。盖穿行于智者闻人生命之间,读一部历史沧桑大地之书,每读皆有充盈奔涌之气韵。有建兄笃信佛学,且治大企业,诚心阻我墓园散步之好,视"阴气太重"。其离世已有多年矣!可见生死有命,阴阳轮转。

每及墓园,先去看穆旦。我的这位海宁先贤把普希金、拜伦、雪莱、济慈、艾略特的隽永诗句带到中国,滋养了汉诗的诗心诗性。他,就睡在墓园门口一角,且极少见有凭吊。他跟着西南联大走了三千里,又跟着远征军在死人堆里爬过野人山,但他人生最艰难的一段时光是在最后几年度过的……

带着学子,我们又去了"雨巷的尽头"。雪后斜阳下,一

笔者向魏鸣森将军致敬

行脚印在洁白处,那"悠长,悠长又寂寥的雨巷"走到了尽头。与其说戴望舒开启了中国现代诗的先河,不若说他以"丁香般的姑娘"丰富了中国的文学记忆和诗歌中的人性光辉。

最后,我们去看魏鸣森将军。整整四十七年前的今天,他作为海上编队指挥员率领总吨位不到两千的四条小艇,迎战吨位超过他两倍的四艘南越海军驱逐舰,一举获得海战胜利,从而站稳西沙。又十四年方有"赤瓜礁"之战,始南沙立足。后世史官治史,魏将军指挥之1974年西沙海战,实为重夺南海实际权益之首战,魏鸣森将军乃我大中华民族英雄!

西沙之战四十七年后,有一老者携青年看望将军,并向将军致敬!